シードブック

子ども家庭支援の心理学

SEED

本郷一夫・神谷哲司　編著

角張慶子・吉中　淳・中村　修・加藤道代・足立智昭・大野祥子
野澤義隆・中村強士・佐藤奈保・佐藤幸子・三浦主博　共著

建帛社
KENPAKUSHA

はしがき

　子どもは社会に生まれ，社会の中で育つ。その中で子どもにとって最初に出会う最も身近な社会が家庭であろう。家庭の中での保護者やきょうだいなどとのやり取りを通して子どもは発達していく。そのような，家庭における子どもの発達と家族の役割について学ぶことが本書『子ども家庭支援の心理学』の目的である。

　この科目は保育士養成課程の見直しに伴う「教授内容の再編等」によって新たに設置された科目であり，従来の「保育の心理学1」，「家庭支援論」，「子どもの保健1」の内容が盛り込まれている。そのため，多様な内容が含まれ，それらを包括的に習得することが科目のねらいとされている。

　本書は13章から構成されている。明確な区分が設けられているわけではないが，学びの狙いの観点から内容的には大きく3つに分けることができる。まず，第1章～第3章では，乳幼児期から老年期までの人の発達過程を知ることを通して，生涯発達に関する心理学の基礎的な知識を習得することを狙いとした。次に，第4章～第9章では，現代社会における家族・家庭の意義や機能を理解するとともに，子育て家庭をめぐる現代の社会的状況と課題について学ぶことを狙いとした。さらに，第10章～第13章では，子どもの心身の健康と保健について理解し，子どもの生活環境，子どもの精神疾患や障害，大災害時の子どもの精神的健康などについて学ぶことを狙いとした。

　このような意図のもとに企画された本書を利用して，子どもの現在の姿を形づくっている発達や家庭環境を理解し，子どもや子どもを取り巻く人々の発達と健康を支援する保育者・教育者に育ってくれることを願う。

　最後に，本書の企画，編集に際して建帛社編集部の方々には大変お世話になった。本書の構想段階から温かく見守り，迅速で適切な対応をしていただき，ここに心から感謝の意を表したい。

2019年1月

　　　　　　　　　　　　　　　　　　　　　　　編者代表　本郷一夫

も く じ

第1章　乳幼児期から学童期にかけての発達の特徴 ……………… 1
1．乳児期の発達とその特徴 ……………………………………… 1
（1）乳児期とは　1
（2）乳児期の発達の特徴　2
2．幼児期の発達とその特徴 ……………………………………… 4
（1）幼児期とは　4
（2）幼児期の発達の特徴　5
3．学童期の発達とその特徴 ……………………………………… 8
（1）学童期とは　8
（2）学童期の発達の特徴　10

第2章　思春期から青年期の発達の特徴 ………………………… 12
1．思春期と青年期 ………………………………………………… 12
2．思春期以前の人間関係 ………………………………………… 13
3．第二次性徴の開始 ……………………………………………… 14
4．思春期の親子関係の変化 ……………………………………… 15
5．思春期における仲間関係の展開 ……………………………… 16
6．狭義の青年期と心理社会的モラトリアム …………………… 18
7．アイデンティティ ……………………………………………… 19
8．アイデンティティ・ステイタス ……………………………… 21

第3章　成人期から高齢期の発達の特徴 ………………………… 25
1．成人期の発達 …………………………………………………… 25
（1）成人期の心理社会的危機：親密性，世代性　25
（2）キャリアから成人期をとらえる　26
（3）社会的・職業的に自立する　26
（4）キャリアを自ら決めていく力を育てる　28

(5) キャリアをマネジメントする　*29*

　2．高齢期の発達 ……………………………………………………………… *29*

　　(1) エイジングとはどのような意味か　*29*

　　(2) 高齢になっても維持・向上される機能の例　*30*

　　(3) 年を取ることへのイメージ　*30*

　　(4) サクセスフル・エイジングとは　*33*

　　(5) 社会的役割をもつことの意義　*34*

　　(6) 人生をまとめる：高齢期の心理社会的危機「統合性」　*35*

第4章　家族システムと家族発達 ……………………………………… *37*

　1．保育環境と家庭環境 ………………………………………………… *37*

　2．家族の構造と機能 …………………………………………………… *38*

　　(1) A君の事例　*38*

　　(2) 家族をシステムとしてとらえる　*38*

　　(3) 悪循環と問題の維持　*39*

　　(4) 家族内サブシステムの考え方　*40*

　3．家族システムに影響を与えるもの―生態学的システム理論― ……… *41*

　4．家族の発達 …………………………………………………………… *42*

　　(1) 複雑化，多様化した家族　*42*

　　(2) 親からの自立と新婚家庭の形成　*43*

　　(3) 乳幼児をもつ家族―子どもの誕生と子育て―　*43*

　　(4) 思春期・青年期の子どもをもつ家族―自立と依存のバランス―　*45*

　　(5) 子どもの自立期の家族　*46*

　　(6) 老年期の家族　*47*

第5章　親としての養育スタイルの形成過程と世代間伝達 ………… *49*

　1．日本の子育て環境の悪化 …………………………………………… *49*

　　(1) 虐待やマルトリートメントの急増　*49*

　　(2) 不適切な養育スタイルとその背景要因　*50*

　2．親としての養育スタイルの形成過程 ……………………………… *52*

　　(1) 養育スタイルの形成モデル　*52*

　　(2) 親の要因　*53*

(3) 子どもの要因　54
　　　(4) 社会的要因　55
　　3．愛着の世代間伝達 ………………………………………………… 56

第6章　子育て環境の社会状況的変化 ………………………………… 62
　　1．世帯人数からみた戦後日本の家族の変遷 …………………… 62
　　　(1) 世帯人数から3つの時期に分けてみる　62
　　2．第1期：大家族と地域社会における子育ての時代 ………… 63
　　3．第2期：高度経済成長における産業構造の変化 …………… 64
　　　(1) 都市部への人口集中と核家族における母親の子育て　64
　　　(2) 母性神話の浸透と女性の社会進出　65
　　　(3) 戦後の「核家族化」の正体　66
　　4．第3期：家族の矮小化・最小化の時代へ …………………… 67
　　　(1) 家族規模の矮小化・最小化と児童虐待　67
　　　(2) 児童虐待の温床を考える　69
　　　(3) 父親の再発見と働き方改革　69
　　5．まとめ：現代日本社会における子育て家族の諸課題と支援の意味 … 70

第7章　ライフコースとワーク・ライフ・バランス ……………… 72
　　1．子育て期のワーク・ライフ・バランス ……………………… 72
　　　(1) 子育て期というライフステージ　72
　　　(2) 子育て期の男女の就業　72
　　　(3) 子育て期の男女の家庭生活　73
　　2．ワーク・ライフ・アンバランスとストレス ………………… 73
　　　(1) ワーク・ライフ・バランスの希望と現実　73
　　　(2) 家庭役割に偏ることの問題　75
　　　(3) 仕事に偏ることの問題　76
　　　(4) 夫婦関係への影響　77
　　　(5) 多重役割はマイナスか，プラスか　77
　　3．ワーク・ライフ・バランスをはばむもの …………………… 78
　　　(1) 構造的要因：男性中心の職場環境　78
　　　(2) 心理的要因：母性神話が男女双方を縛る　78

(3) 一人親のワーク・ライフ・バランス　*80*

　4．なぜワーク・ライフ・バランスが求められるのか ………………… *80*

第8章　多様な子育て家庭への支援 ……………………………… *83*

　1．育児不安をもつ家庭 ………………………………………………… *83*

　　◆支援のポイント〈事例8−1〉　*85*

　2．育児サポート環境のない夫婦共働き家庭 ………………………… *87*

　　◆支援のポイント〈事例8−2〉　*88*

　3．孤立しがちな家庭 …………………………………………………… *90*

　　◆支援のポイント〈事例8−3〉　*91*

第9章　特別な配慮を必要とする家庭への支援 ………………… *94*

　1．貧困家庭 ……………………………………………………………… *94*

　　◆支援のポイント〈事例9−1〉　*96*

　2．虐待の疑いがある家庭 ……………………………………………… *96*

　　◆支援のポイント〈事例9−2〉　*97*

　3．保護者が精神障害や疾病を抱える家庭 …………………………… *98*

　　◆支援のポイント〈事例9−3〉　*99*

　4．外国にルーツをもつ家庭 …………………………………………… *100*

　　◆支援のポイント〈事例9−4〉　*101*

　5．関連機関との連携・協働 …………………………………………… *101*

第10章　子どもを取り巻く生活環境と心身の健康 ……………… *103*

　1．基本的生活習慣 ……………………………………………………… *103*

　　(1) 食　事　*103*

　　(2) 排　泄　*104*

　　(3) 衣類の着脱　*106*

　　(4) 清　潔　*107*

　　(5) 睡眠と日常生活リズム　*108*

　2．事故防止と安全確保 ………………………………………………… *108*

　　(1) 窒　息　*110*

　　(2) 気道異物・消化管異物　*110*

　　(3) 溺　水　*112*

（4）熱　傷　*112*

第11章　子どもの心と健康 …………………………………… *114*
　1．子どもの心の健康の基礎知識 ……………………………… *114*
　　（1）子どもの心の健康とは　*114*
　　（2）子どもの心の健康問題の成り立ち　*115*
　　（3）ストレスと子どもの対処行動　*117*
　2．幼児期・学童期にみられる主な精神障害 ………………… *118*
　　（1）不安障害　*118*
　　（2）強迫性障害　*119*
　　（3）心的外傷後ストレス障害（PTSD）　*120*
　　（4）うつ病　*120*
　　（5）排泄障害：遺尿症，遺糞症　*121*
　　（6）その他子どもにみられる障害　*122*
　3．子どもの心の健康を保つために ………………………………… *125*

第12章　障害のある子どもの理解と対応 ……………………… *126*
　1．知的障害 ………………………………………………………… *126*
　　（1）知的障害とは　*126*
　　（2）知的障害の原因　*127*
　　（3）知的障害の分類　*128*
　　（4）保育場面での援助　*128*
　2．発達障害 ………………………………………………………… *129*
　　（1）発達障害とは　*129*
　　（2）自閉スペクトラム症（ASD）　*130*
　　（3）注意欠如・多動症／注意欠如・多動性障害（ADHD）　*133*
　　（4）学習障害（LD）　*134*

第13章　災害と子ども …………………………………………… *136*
　1．災害と精神的健康 ……………………………………………… *136*
　　（1）ストレスと精神的ダメージ　*136*
　　（2）心的外傷後ストレス障害（PTSD）　*137*
　2．東日本大震災直後の子ども …………………………………… *138*

 (1) 子どもの様子　*138*
 (2) 子どもの遊びの意味　*140*
 (3)「気になる」子ども・障害がある子ども　*141*
 3．保護者をめぐる問題 …………………………………………… *142*
 (1) 保護者の様子　*142*
 (2) 保護者ができること　*142*
 4．保育者に求められること ……………………………………… *144*
 (1) 保育者のセルフケアの重要性　*144*
 (2) 大災害に備える保育環境の見直し　*145*

さくいん ………………………………………………………………… *147*

第1章
乳幼児期から学童期にかけての発達の特徴

1．乳児期の発達とその特徴

（1）乳児期とは
1）有能な赤ちゃん
　乳児期とは，児童福祉法および母子保健法においては生後1歳までの時期を指し，発達心理学的にはおおよそ1歳または1歳半頃までの時期を指す。この時期は胎児期に次ぐ生涯発達におけるスタートの時期である。一般的には「寝ているだけ」「まだ何もわからない」などと無力な存在である**赤ちゃん**としてとらえられることがあるが，実はそうではない。ヒトの乳児は周りからの刺激を受け止めて学習するための感覚器官をもって生まれ，周囲に自ら働きかけることのできる「有能な」存在である。自らのできる方法（泣く・笑う・見つめるなど）で積極的に発信し，また同時に，周囲の環境から学んでいるのである。したがって，子どもの周りには，子どもが働きかけることのできる豊かな刺激や，その働きかけに応答する存在が必要である。保育者はその環境を整え，また，自らがその豊かな環境の一部となり，子どもの発信を受け止め，応じる重要な存在である。

2）著しい成長・発達の時期
　乳児期は，子どもの身長や体重の成長が一生の中でも特に急激で著しい時期である。運動面の発達も目覚ましく，昨日までつかめなかったものをつかむことができるようになっていたり，寝返ることができなかったのに突然寝返るようになり移動していたりと，日々自分の意志でからだを動かすことが可能になっていく時期である。このような，身体面および運動面の発達は，単に大き

くなり移動できるという以上の意味をもつ。これらの発達に伴い，新規の事柄や事物に出会ったり，今まで見ていたのとは違った景色が目に映ったりすることによって，子どもの世界は大きく変化をしていく。その世界の変化に伴い，子どもの内面における認知や情動などの多様な側面の発達が，同時に促進されるのである。

(2) 乳児期の発達の特徴
1）基本的信頼感

エリクソン（Erikson, EH）は，誕生から死に至るまでの**心理社会的発達**を8つの段階に分け理論化している。その第1段階（乳児期）の**心理社会的危機**として課題となるのは**基本的信頼**（対不信）である。基本的信頼とは「他人に関しては一般に筋の通った信頼を意味し，そして，自分自身に関しては信頼に値するという単純な感覚」と定義される[1]。これは，「自分のいる世界は安全・安心である，自分は守られている，何かあれば周囲の人は自分を守ってくれるであろう」という感覚である。また「自分はそのように守られるべき価値のある存在である」という感覚でもある。この感覚は，人が生涯にわたり生活をしていく上で支えとなる重要な感覚である。

乳児期の子どもは周囲の大人に守られ，世話をしてもらうことによって自らの生命を維持している存在である。このやり取りは決して一方向的ではなく，子どもと大人の相互作用の中で行われる。お腹がすいた，おむつが濡れて気持ちが悪い，眠くて不快である，楽しい気分であるなど，さまざまな場面で子どもは「泣く」「声を出す」「笑う」などの行動で自らの欲求や感情を表現し，発信する。すると，それに周囲の大人が応じ，おっぱいやミルクを与えたり，抱っこをしたり，笑いかけたりするなど，子どもの信号を受け止めた対応をする。その際に物理的なケアのみならず，「お腹すいたね〜」「ご機嫌だね〜」などといった情緒的な語りかけや表情や，ふれあいが伴うことも重要である。このような日常生活における自然で情緒的な「求めれば与えられる」という受容的やり取りの中で子どもは，「安全・安心であり，守られている」という基本的信頼感を獲得していくのである。

2017（平成29）年に告示された「保育所保育指針」[2]および「幼保連携型認

定こども園教育・保育要領」³⁾においては，乳児保育に関する記載が充実したことが特徴である。その中において，繰り返し「応答的」「受容的」という文言が用いられている。これは特に乳児期に，この基本的信頼の感覚を育むことを意識することが不可欠であることによる。

2）愛着関係と探索—安全基地—

「求めれば与えられる」という子どもの発信とそれを受け止める大人とのやり取りの中で，子どもは基本的信頼感を獲得していく。その繰り返しの過程では，最初はただ生理的に発していた子どもの発信行動が，自分の要求や感情を伝えるための社会的・心理的なものへとなっていく。その際，その発信に対して特に一貫して適切に応答する身近な人物との間には，情緒的な絆が築かれる。この特定の人との間に築かれる情緒的絆を，**愛着（アタッチメント）**といい，この絆が築かれた関係を**愛着関係**と呼ぶ。他者との愛着の形成は基本的信頼へと通じるものである。

子どもにとって愛着の役割の一つは，探索活動の基盤となることである。愛着関係を築いた相手を「安全基地」として，子どもは生活空間を広げ，また興味・関心を高め，安心した探索活動を行うことができる。何かあったなら必ず保護してもらえるという見通し，安心して戻る場所（＝安全な避難場所，**安全基地**）があるからこそ，子どもは世界を広げていけるのである。

また，愛着の形成において，特に保育の場では，家庭で保護者が子どもに応答するような二者間における素早さや的確さ（**二者関係的敏感性**）のみならず，子ども集団全体に対する共感性など（**集団的敏感性**）も重要であり，両者が同時に機能している場合は，より一貫して安定した愛着関係が築かれるという⁴⁾。これは保育者に求められる高い専門性であるといえよう。

3）前言語期—言葉の芽を育てる—

「ママ」「ワンワン」「マンマ」などいわゆる「言葉」を初めて話す（初語）のはおおよそ1歳前後である。とすると，この時期の子どもは言葉を話す前の時期といえる。だが，言葉は突然1歳になってから育ち始めるのではない。まだ，話すことができないこの乳児期から，言葉の基礎となる「言葉の芽」が育っているのである。

例えば，「あー」といった発声（**クーイング**），「バ，バ，バ」などの発声

(喃語) を行うことは，音をつくり出すという練習であると同時に，その音によって周囲の人の注意を引くことができるということを体験し，それによってコミュニケーションの楽しさや，発信の有効性を学ぶことにつながる。また，その他にも，名前を呼ばれるとふりむく，物の名前を言うと持ってくることができるなど，「わかる」ことは「話す」ことの基礎として大事である。さらに，自分の伝えたいことを指さしをして伝える「みて！　わんわんいたよ！」「あれ，とって！」などの行為も，重要な子どもの「言葉（の芽）」である。また，この時期は，子どもと他者，もしくは子どもと物という二者だけの関係（**二項関係**）から始まり，物を介して他者との関係を結ぶ**三項関係**（子ども・物・他者）の成立へと移行する時期でもある。子どもが興味をもって眺めているものに大人が視線を合わせたり，子どもの注意を引くように大人が働きかけたりすることによって同じものに注意を寄せる（**共同注意**）ことができるようになる。その共同注意を基礎として，そのものについてやり取りをするというこの三項関係の成立は，他者との体験の共有を可能とするため，子どもの言葉が育つ基礎として重要な事象であるといえる。

　このように乳児期には，周囲の大人との豊かなやり取りによって，コミュニケーションの楽しさを感じ，言葉の基礎を獲得していくことが大切である。

2．幼児期の発達とその特徴

(1) 幼児期とは
1) 行動範囲の拡大と発達

　幼児期とは，乳児期の終わりであるおおよそ1歳または1歳半頃から小学校就学前までの6歳頃をいう。幼児期の始まりには，身体的発達，移動運動能力の発達に伴い，立つ・つたい歩き・一人歩き……とその移動手段に変化がみられると同時に，探索活動がよりいっそう活発になる。あそこへ行きたい，あそこにあるものが欲しい……などの子どものもつ欲求が，さらなる運動機能の発達を促進し，その身体運動の機能の発達が子どもの探索意欲をさらに増すことにつながっている。自らの身体を自由に動かせることは，「自分のしたいことを達成できる」という満足感から，「自己」が育つ上においても重要となる。

2）今，ここにないもの

　乳児期の子どもは「今，ここ」の世界が中心であった。しかし，徐々に，今，ここにはない対象や，今，この時に行われていない出来事について，心に思い浮かべること（表象）が可能になるのがこの幼児期である。乳児期によくみられる指さしは，言葉を使わずにコミュニケーションを図る道具としては便利であるが，今，ここにないものを指し示すことが難しいという点では不便である。今，ここにないものについて言及するためには，それを心に思い浮かべた上でそれを表現する作業が必要になってくる。その役割をするために，指さしに変わる便利なものが「言葉」であり，初語が出てくるのがこの時期である。また，子どもが心の中で目の前にない事柄についてイメージを膨らませ，それを何か別のものに見立てて遊ぶ（自分を以前見たテレビのヒーローに見立てる，目の前の積み木を車に見立てる，など）という象徴機能の発達も，言葉の育ちにおいて重要な基礎となる。子どもがイメージ豊かに遊ぶことができるような環境が，この時期の育ちにおいて重要となる。

（2）幼児期の発達の特徴
1）幼児期の認知・思考の発達

　a．もの・事柄に対する認知：自分を取り巻く世界の事物や人に対するとらえ方や，見方・考え方のことを**認知**と呼ぶ。子どもは，大人とは少し異なった見方で世界をとらえているようである。子どもの認知・思考の発達を研究したピアジェ（Piaget, J）は，この時期の子どもたちの認知・思考の段階を**前操作期**と呼び，子どもの思考を**直観的思考**であると特徴付けている[5]。量や数の理解において，そのもののもつ一つのある知覚的次元（見た目）に基づいて，多い少ないなどを判断する（「保存の概念」の未成立）のもその一つである。生命や意識をもたない事物にも生命が存在するかのように振る舞う（アニミズム）こともある[6]。

　b．人に対する認知：例えば，2，3歳の頃の「かくれんぼ」は非常にユニークである。ただ自分の顔を手で覆って「○○ちゃんいないよー」などという。かくれんぼが上手にできるためには，隠れている自分を客観的にイメージして，相手（鬼）からどのように見えるのか，他者の視点に立ったイメージを

もつことができなくてはならない。この他者の視点に立つということは，幼児期を通して獲得していく力の一つである。4歳を過ぎると，かくれんぼも徐々に上手にできるようになる。これは，他者の視点に立つことができるようになってきた表れでもある。

また，自分と他者は異なった考えをもっているということを理解し，「自分が知っていること」ではなく「相手が知っていること」などから相手の行動を推測したり，他者の心や考えを推測したりすることができるようになる（「心の理論」の成立）のも幼児期の特徴である。

2）言葉の育ち

幼児期は，乳児期に育った「言葉の芽」を基盤として，言葉を話し始め，徐々に自らの思いを言葉で表していこうとする時期である。最初は「ワンワン」などの一語で自分の気持ちを表現する一語文（ワンワンがいたよ／ワンワンの絵本読んで……などの意味）から，徐々に2歳にかけて「ワンワン，ねんね」などの二語文が出現する。同時に，しきりに物の名前を尋ねたりすることで物の名前等を学習し，語彙が急速に増加していく時期である。2歳の終わり頃には，多語文・複雑な文章を用いることができるようになり，自分の思いを言葉にして大人に伝えることが可能になってくる。3歳から4歳にかけては複雑な会話が可能になり，日常生活における言葉でのやり取りがスムーズにできるようになる。単に伝達の手段だけではなく，話しかけて応じてもらうこと，すなわち，他者とのコミュニケーションを行うことを楽しく感じ，言葉を用いた他者とのやり取りが活発になっていく。話すことへの興味が高まり，保護者が「一日中しゃべっている」などとそのおしゃべりの様子を表現するようなこともある。他者と言葉を交わすことが楽しいと感じることは，さらなる複雑な言葉の獲得へとつながり，また同時に，知的興味・関心の高まりにもつながる。頻繁に，自らが気になったことを「なんで？」「どうして？」などと周囲の大人に問うような姿もみられる。時には，大人が答えに詰まるような質問をすることもあるが，必ずしも「答えが与えられる」ことを望んでいる場合ばかりではない。問うことによって，他者とのコミュニケーションを図りたいとの気持ちの表れであることもある。

3）自我の芽生え，自己の発達

a．自我の芽生え：乳児期には大人に「世話をしてもらう」存在であった子どもが，幼児期には自らの意志で行動する，行動の主体となる。これまでは「（自分が）お腹がすくと（お母さんが）すぐにおっぱいをくれる」などというように自らの欲求と，それに的確に対処してくれる人の存在によって，自分と他者の間があいまいであった。しかし子ども自身の欲求や興味・関心の広がりに伴い，すべては自分の思うとおりにいかないことによって他者との線引きが徐々に明確となり，自分と他者は違う存在であるということに気が付くのである。自我の芽生えである。また，鏡に映る自分の姿を認識したり，自分の名前を呼んだり，自分の物と他者の物に明確に線引きをしたり，「自分でする！」と主張することによって，より行為の主体である「自分」というものを意識し，明確化していく。この時期の子どもが，自分が使っているおもちゃに非常にこだわったり，いつも自分が座っている場所に他児が座ると激しく怒ったり，などの行動を示すことがあるが，これはその明確化の表れであり，育ちの証拠といえよう。

b．自己の発達・自己コントロール：「自我」が芽生え育つこの時期の初期は，「自分でしたい！」「いや！」などの自己主張が目立つ時期である。また，思いどおりにいかないと泣いたり，ひっくり返ったり，かんしゃくを起こして自分の気持ちを表すことも出てくる。いわゆる**第一次反抗期**と呼ばれる時期であるが，保護者の間では**イヤイヤ期**，**魔の２歳**などと表現されることもあり，家庭においてもその対応に苦慮することの多い時期である。

エリクソンが幼児期に直面する課題（心理社会的危機）として**自律**（自己の心身の状態の統制を自己の内部的なものにすること），**自主性**（自らの意志によって自発的に行動すること）をあげているように，自己の育ちは幼児期を通しての重要な課題である。自我の芽生えから始まった自己の育ちは，幼児期を通して仲間との関係の中でさらなる自己コントロール（自己制御）の機能を育てていく。自己コントロールには，自らの主張や欲求を明確にもち，それを他者に主張・表現する**自己主張**の側面と，自らの感情や欲求を抑制し，社会や周囲の人に合わせ我慢する**自己抑制**の側面があるといわれている。柏木によると，自己主張の力は３歳から４歳にかけて急激に上昇し，その後は横ばいおよ

び後退といった揺れを示す一方で，自己抑制の力は，6，7歳にかけて年齢とともにゆっくりと上昇していくという[7]。3歳を過ぎると，言葉が上達することもあり，これまでただ「イヤイヤ」と言っていたものが，理屈っぽくなったりして反抗期にいっそう拍車がかかるようにみえることがある。しかし，これは自分の意思を明確に主張する力が伸びてきた表れであり，けっして周りの人を困らせようとしてのことではない。自己主張の気持ちを周囲の大人に受け止めてもらう経験を通して，また，他児への自己主張でぶつかり合った際にも大人に気持ちを認めてもらうことで，子どもは社会の中で通じる自己主張の方法を養っていく。また，そのような「理解してもらった」という体験を通して，我慢もしてみよう，相手の主張も受け入れてみよう，という自己抑制の力を伸ばすことができるのである。

4）基本的生活習慣

このような自我の芽生えとともに，「自分でしたい！」「自分でできた！」という自律の気持ちは，基本的生活習慣の獲得に大きく寄与する。この時期の子どもは，食事・排泄・衣類の着脱など「自分でしたい」という気持ちを大切にしつつ，その獲得に向けて大人が寄り添う時期である。また，いずれの習慣の獲得に関しても，子どものもつ気質や家庭でのあり方など，さまざまな背景の違いがあるため，個人差の大きいものであることを認識しておく必要がある。

幼児期前期において獲得し始めた基本的生活習慣は，幼児期後期に確実に身に付き，5歳児の段階では多くのことが自分でできるようになる。それは，自我の育ち，自己のコントロール，手指等の運動発達，認知発達など，これまでに幼児期において培ってきたさまざまな能力に支えられてのことである。これらの発達に支えられた基本的生活習慣の確立は，「自分できちんとできる」という達成感と満足感によりさらなる自己概念の育ちへとつながる。

3．学童期の発達とその特徴

（1）学童期とは
1）小学校へ入学するということ

学童期とは，小学校入学から卒業までの6，7歳頃から12，13歳頃のことを

いう。生涯発達の過程において生起する変化の過程を**人生移行**，そして人生の出来事や移動において環境が変わることを**環境移行**と呼ぶ。環境移行は移行の前後において大きな変化が生じるので，個人にとって衝撃が大きく，危機を内包するといわれている[8]。幼児期から学童期への人生移行においては，小学校へ入学するという大きな環境移行を伴う。自力での登下校，新たな施設や時間割によって区切られた学校スケジュール，新しい仲間との関係性づくり，そして遊びを通して学んでいた学習スタイルから，教科学習中心のスタイルへの移行など，新しい環境や文化への適応が求められ，子どもたちが小学校入学を機に直面する課題は数多い。また，保護者の就労に伴う放課後児童クラブの利用者にとっては，学校環境に慣れるのと同時に，クラブの人的環境，物的環境，生活スタイルにも適応することが求められる時期でもある。

　この環境移行に伴う子どもたちの困り感・不適応感は，教師の話を聞けない，授業時間中ずっと座っていることができない，などといった**小１プロブレム**と呼ばれる現象によっても表現されることがある。それに対処し適応をサポートするためには，幼保小連携等の対応が重要である。アプローチカリキュラム，スタートアップカリキュラムと呼ばれる幼小接続のカリキュラムを導入する自治体もみられる。学童期のスタートに，幼児期に経験してきた遊び等の要素を多く含んだ生活を送ることで「小学校でもこれまでやってきたことが通用するのだ」という自信をもつきっかけになり，スムーズな適応を生み出す[9]といわれている。

2) 9, 10歳の節

　背中からはみ出すような大きなランドセルを背負って入学した子どもたちは，6年生になるとランドセル姿が窮屈に見えるほどになる。このように一括りで学童期といえども，この6年間は，身体的にも認知・社会的側面においても，目に見えて大きな発達をとげる時期である。その過程において大きな発達的変化の分岐点，およびそこから子どもたちに生じうる諸問題の時期を**9，10歳の節**という。この時期には言語・思考・社会性の諸側面においてさまざまな発達の質的変化（移行）が認められるため，その移行に際しての適応のため，小学校中学年においては，よりていねいな教育指導の必要性が指摘されている[10]。

（2）学童期の発達の特徴
1）認知・思考の発達―論理的な思考の始まり―

幼児期に見た目に左右された物事の判断をしていた子どもたちは，学童期において論理的な思考を行うことができるようになる。ピアジェはこの時期の子どもたちの認知・思考を**具体的操作**段階であると特徴付けた。この時期は，具体的な事物やイメージ，現実的な経験に基づいての事柄に関しては，理論的な思考が可能になるという。また，学童期の終わり，小学校高学年になってくると，その思考の対象は具体物の範囲を超えても可能となり，抽象的な概念に基づいた思考が可能になってくる（**形式的操作**段階）。このように子どもたちは学童期を通して論理的な思考の仕方を身に付けていく。小学校6年間における学習の内容をみると，このような子どもたちの思考の発達に応じて，具体的なものから，より抽象的なもの・科学的なものへと変化していることがわかる。

2）言語の発達―一次的ことばと二次的ことば―

認知・思考の発達が幼児期とは質的に異なるのと同様に，学童期の子どもたちは，幼児期の子どもたちとは異なる性質の言葉を使い始める。**二次的ことば**といわれる言葉である。これまで，幼児期においては，親しい人との間で状況を共有しながら対話するために言葉を用いていた。これを**一次的ことば**という。これに加えて，就学によって集団での学習・生活場面の中で求められるようになる言葉が二次的ことばである。これは言葉の文脈のみで不特定多数に対して差し向けられる言葉であり，話し言葉のみならず書き言葉としても用いられる。家族で水族館に出かけていき，ペンギンを見ながら（同じ場面を共有しながら）「かわいいね」と言うのは一次的ことばであり，それを夏休みの課題の「絵日記」として，誰が読んでもわかるようにペンギンの様子を記述する時に用いるのは二次的ことばである。これらの言葉は，社会的・教育的に子どもたちに課せられていく言葉であり，一次的ことばのように具体的状況に即していない場面で求められるものであるため，その獲得に困難を伴うこともあることを，大人は意識しておく必要がある[11]。

3）有能感と劣等感

エリクソンは，児童期の心理社会的危機としては「勤勉性」（対劣等感）をあげている。勤勉性とは「課題やルールを意図的に学ぶことによって自己の潜

在的な能力を発揮するための技術習得の一貫した努力」を意味する[12]。学校における学習活動はその技術習得の場面であり，そこにおいて自らが努力し，その結果うまくいくという経験を積むことで，子どもたちは自己に対する肯定的感情（自信や**有能感**）を得ることができる。一方で，学校という場面では，学習やスポーツにおいて得手不得手・優劣が明確となりやすいため，能力に対する自己評価が学年を追うにつれて低下し，否定的感情（**劣等感**）なども生じやすいともいわれている[13]。

■引用文献

1) エリクソン, EH（小此木啓吾訳編）(1973) 自我同一性—アイデンティティとライフサイクル，誠信書房．
2) 厚生労働省 (2017) 保育所保育指針．（平成29年3月31日告示）
3) 内閣府・文部科学省・厚生労働省 (2017) 幼保連携型認定こども園教育・保育要領．（平成29年3月31日告示）
4) 遠藤利彦 (2016) 子どもの社会性発達と子育て・保育の役割．秋田喜代美監修：あらゆる学問は保育につながる，第7章，pp.225-250，東京大学出版会．
5) 波多野完治編 (1965) ピアジェの発達心理学，国土社．
6) 波多野完治編 (1966) ピアジェの児童心理学，国土社．
7) 柏木惠子 (1988) 幼児期における「自己」の発達，東京大学出版会．
8) 山本多喜司・ワップナー, S編 (1992) 人生移行の発達心理学，北大路書房．
9) 木村吉彦監修，仙台市教育委員編 (2010)「スタートカリキュラム」のすべて，ぎょうせい．
10) 田丸敏高 (2010) 児童期の発達段階と9,10歳の節．心理科学，30（2），23-32．
11) 岡本夏木 (1985) ことばと発達，岩波書店．
12) 鑪幹八郎 (1995) 勤勉性（industry）．岡本夏木監修：発達心理学辞典，p.162，ミネルヴァ書房．
13) 桜井茂男 (1983) 認知されたコンピテンス測定尺度（日本語版）の作成．教育心理学研究，31（3），245-249．

第2章
思春期から青年期の発達の特徴

　英語で**思春期**を「puberty」というが，これは「毛深いこと」を意味するラテン語からの派生であり，**第二次性徴**の時期を意味する。日本語の思春期という言葉の中に含まれる「春」という字も，「性」を意味している。もとより思春期・青年期を形容する言葉として，「疾風怒濤」（原語は「Strum und Drang」，ドイツ語で直訳は「嵐と衝動」）という語が，古くはゲーテ，シラーといった文豪や初期の心理学者のホールらによって用いられてきた。これは，フロイト（Freud, S）が思春期の直前である学童期を（性衝動の）潜伏期と表現したのとは対照的に，思春期の本質は，今まで比較的おとなしかった性衝動が，うって代わって暴れ回る時期として特色付けられることに起因していると考えられる。ただし，心理学的には，その結果として起きる対人関係のあり様の変化こそが重要であり，また，青年期の**心理社会的危機**として名高い**自我同一性＝アイデンティティ**の問題もまた一歩引いてみれば，人間関係の問題に他ならない。「青年期の自我の目覚め」などという表現もよく目にするが，その由来はおそらくは，シュプランガー（Spranger, E）[1]による「自我の発見」という表現で，この時期の自分自身の見つめ直し（「内省」）を重視したものである。それまでの仲間関係重視の生活と，自分らしさの追求との間にどのような折り合いをつけていくのかは，青年期の大きなテーマである。

　本章では上記のような観点から，性的発達が及ぼす人間関係の変化を軸に，必要に応じて認知の発達や道徳の発達などにも言及する。

1．思春期と青年期

　本論に入る前に，思春期と青年期という時期の呼び方について簡単に整理を

しておこう．思春期と青年期を別の発達段階とする分け方がある一方で，思春期を広義の青年期の中に含め，広義の青年期の前半を思春期，後半を**狭義の青年期**などと呼ぶことがある．後述するように，思春期は生物学的要素に依存しているので，全人類に認められる発達段階とみなせるが，狭義の青年期は社会・文化のあり方に依存し，この時期の存在しない文化も存在する．

本章で取り上げる中心人物の1人，エリクソン（Erikson, EH）は，自我同一性の達成をここでいう広義の青年期全体における心理社会的危機として扱っているが，ニューマンとニューマン（Newman, BM & Newman, PR）[2]は，エリクソンの理論に依拠しつつ，青年期前半（思春期）を別の発達段階として独立させ，その心理社会的危機を「集団同一性の達成 対 疎外」とし，青年期後半（狭義の青年期）の発達課題を「個人的同一性の達成 対 同一性拡散」とした．本章でも大筋でこの理論にならい，前半は第二次性徴，親子関係，仲間関係の問題を中心に論じ，後半は自我同一性の達成の問題を中心に論じる．

2．思春期以前の人間関係

エリクソンは，児童期の心理社会的危機を「勤勉性 対 劣等感」としている．学校は課題を与える場であり，劣等感とは教師や同級生からの低い評価などによって自尊心の著しい低下をきたし，学校における諸活動に前向きに取り組むことのできないような状態を指している．もちろん，親は劣等感を軽減する働きをもつが，親の支えに頼るだけでは幼児期と変わらないため，むしろそこからの脱却が求められている．そこで親に代わり，子ども同士が肯定し合い支え合うようになる．それが仲間集団に期待される主要な機能の一つである．

学校内の子どもの集団は，教師側が組織したフォーマルグループと，子どもたちの間に自然発生的にできあがるインフォーマルグループの2つに大別される．インフォーマルグループは，しばしば大人たちの目には好ましくないものとして映り，典型的には「ギャング」の名称を与えられ，学童期自体の別称として「ギャングエイジ」という表現もよく使われる．このインフォーマルグループの重要性が小学生の期間を通じて，次第に増していく．

小学生の間は，悩み事に対する第1の相談相手は母親であるが，中学生にな

ると，同級生に取って代わられる。例えば，やや古い統計だが，総務庁青少年対策本部[3]によれば，第1の相談相手を母親とする者は小学生74.1％，中学生53.4％であるが，学校の友だちとする者は小学生51.0％，中学生64.3％である。

学童期のインフォーマルグループは，ほぼ同性のみで構成されている。エプスタイン（Epstein, JL）[4]によると，学童期初期の子どもの友人選択は，家が近いなどの近接性の要因の影響力が強いが，次第に自分との類似性の要因の方が重要になるとしている。同じ「性」であるという最もわかりやすい類似点によって，この時期の友人関係は同性に限定されるものと考えられるだろう。

このように，思春期あるいは青年期前半の人間関係は，親よりも友人関係が重要になり，その友人関係が同性から異性を交えた関係に変化することを基調とする。

3．第二次性徴の開始

思春期は，子ども本人の心理的成長とは無関係に，純粋に生物学的理由によって開始される。脳下垂体のホルモン分泌を契機として，生殖器から男性はテストステロン，女性はエストロゲンといったホルモンが分泌され，発毛・生殖器の発達，身長の増大，男性／女性らしいからだつきへの変化，声変わりなどが起こる。その開始時期は平均で女性9歳半，男性11歳半とおよそ2年の時間差がある。

このような身体的な変化は，子どもたちの心にも影響を与えずにはおかない。また，その影響の現れ方は男女で違いがある。女子に，より顕著であるが，からだつきが急激に変化するということは，自己概念の一部としてのボディイメージの再構築が問題となる。端的には自我理想や理想自己としての，理想のボディに現実の自分の身体は到達しないかもしれないという不安があげられる。あるいは，からだが丸みを帯びるのはこの時期の通常の身体的変化であるが，それを「太った」と理解されることも多い。その結果，摂食障害（以前は「思春期やせ症」などとも呼ばれていた）に至ることもある。

また，第二次性徴には個人差があり，早熟・晩熟それぞれメリット・デメリットがある。男子において早熟の場合は，身体が早めに大きくなるというこ

とは，スポーツなどで単純に有利であるなどのメリットがあるが，晩熟であることは，周囲から侮られ，劣等感を抱きやすいという問題が指摘されている[5]。一方で，女子の場合，最も肯定的自己イメージをもっているのは晩熟であるという研究[6]，早熟と晩熟の中間であるという研究[7]などがあって，意見が分かれている。しかし，女子の早熟については，からだの成長に心の成長が追い付いていないため，早すぎる性体験やそれに伴う非行へと至るリスクが高いという意見が優勢であるようだ。

　このような，自分のからだの変化についての戸惑いとともに，性的な行為や異性に対する関心が増していくという変化が，思春期における特筆すべき変化である。それはやがて対人関係の枠組みの変更につながっていく。

4．思春期の親子関係の変化

　人間関係の中で，思春期に入って比較的早くから影響を受けるのが親子関係かもしれない。まず，第二次性徴への対処について，異性の親が相談にのるのには無理がある。性を意識する思春期において，親であっても異性でもあることで，これまでどおりの関係のままでいることが難しくなる。

　一方，認知的発達はピアジェの分類によれば，形式的操作の段階に到達している。つまり，論理的な思考が可能になり，他人の矛盾点が目に付くようになる。その結果，親をはじめとする頭ごなしに言うことを聞かせようとするような権威主義的な大人に対しては，特に反発を抱くようになる。また，文化的な価値観の世代間格差も反発の要因となる。

　そこで，親からの関係の見直しが問題となってくる。ホリングワース（Hollingworth, LS）[8]はこれを**心理的離乳**（psychological weaning）と表現した。西平[9]は，心理的離乳を3つの段階に分け，第1段階である思春期から青年期中期は，親子関係を壊すことに主眼がおかれていると述べる。また，「母親が眉をしかめるだろうと思うことに，ただそれだけの理由で魅かれていく」という対抗転移などの特徴がみられるが，それはもう子どもではないという成熟意識を自覚するための儀式にすぎず，その実，「なお強い依存の欲求に動かされて」おり，両親に見捨てられるおそれを秘めているとも述べている。

この時期の親へ反抗の行き過ぎは，青年中期から青年期の終わりまでの**第二次心理的離乳**（この頃に大学進学で別居することもある）では少し見直されるが，成人期に入り，経済的側面も含めた文字どおりの自立の時期である**第三次心理的離乳**において，再びさまざまな問題が顕在化するとされる。

　さて，ここでの西平の議論は基本的に親子関係内で完結しているが，同時期に進行する仲間関係の変化も視野に収めなければ，全体像を把握することは困難と考える。主たる依存の対象が，親から仲間に移行しているととらえることができるからである。

5．思春期における仲間関係の展開

　多くの論者が青年期の仲間集団はいくつかの種類があり，集団の種類によって男女構成や機能が少しずつ異なり，また，どの種の集団が優勢かは年齢段階によっても異なると主張している。中でも，比較的有名なのが，保坂[10]による，①ギャンググループ（gang-group），②チャムグループ（chum-group），③ピアグループ（peer-group）の3類型間の移行という理論である。以下，保坂に基づいて各グループの概要を述べる。

　ギャンググループとは，小学校高学年頃にみられる徒党集団であり，基本的には同性の同輩集団で，同じ遊びをする者が仲間と考えられる。したがって，遊びを共有できない者は仲間から外される。この段階では，仲間の承認が親の承認より重要になるとされている。

　チャムグループとは，中学生頃にみられる仲良し集団であり，サリヴァン（Sullivan, HS）[11]のいうchum（親友）に基づいて命名されている。この段階では互いの共通点・類似性（例えば，同じタレントが好き）を確かめ合うことが基本となっている。この時期の会話は内容よりも「私たちは同じね」という確認に意味があり，しばしば仲間内だけで通じる符丁をつくり出し，その言葉が通じない者は仲間ではないとされる。

　ピアグループのpeerとは，本来は「同等」という意味合いを含んだ「仲間」を意味する言葉であるが，ここでは青年期の後半において，互いの価値観や理想・将来の価値観を語り合う段階と定義される。これまでとは異なり，互

いの異質性を認めるということが特徴とされ，それゆえにこそ，男女混合であったり年齢に幅があったりすることが可能になるとされる。

ダンフィー（Dunphy, DC）[12]も保坂と同様の理論を展開しつつ，さらにその先の男女混合集団がカップルへと分裂するプロセスにも言及している。

このように，大まかな流れとして，①同性集団から異性混合集団へ，②過剰なまでの同質化指向を極めた後，異質性の許容・個人化指向へ，という方向性が見て取れる。この変容の原動力の一つが，第二次性徴を契機とする異性への関心であることは容易に想像がつくが，もう一つの原動力として，仲間集団が，その同質化機能の行き過ぎ等で自壊することが考えられる。

仲間集団のもつ副作用について，エリクソン[13]は，集団外部の者，文化的背景や能力の異なる者などへの不寛容という現象がしばしばみられ，服装や仕草の些細な違いをあげつらって，残酷なまでに排除するといったことも行われることを指摘している。それゆえ，個人にとっては集団に拒否されることが恐怖ともなる。これはいじめの構図そのものである。また，集団内においても同調圧力により，本人の意にそわないこと（例えば，非行行為やいじめへの荷担）などを迫られ，居心地が悪いということも大いにありうる。

シェリフとシェリフ（Sherif, M & Sherif, CW）[14]は，準拠集団，すなわち「個人がそれに同一化するような，あるいは所属したいと願うような集団」に注目し，青年期の準拠集団内の同調行動や逸脱行動に関して，準拠枠と呼ばれる彼らの価値観に一致する際にはたたえられ，違背する際には制裁が課されるという裁可（sanction）の機能が行使される様子を観察している。

コールバーグ（Kohlberg, L）[15]の**道徳的発達**理論によれば，思春期はほとんどの若者が慣習的水準，すなわち，（その決まりがどうして必要なのかまでにはなかなか思いは至らないが）ともかく決まりである以上は守るという段階には到達しているとされる。その慣習的水準の前半にあたる段階3では，道徳心の源泉は，家族・仲間集団との同一視や権威主義である。それが後半の段階4では，より広い「社会」のメンバーであることの自覚へと変わる。シャファー（Shaffer, DR）[16]によれば，小学校卒業の頃に，段階3の者が最多となるが，青年期全体を通して段階4の者が増え続け，22歳頃（大学卒業の頃）に段階3を追い抜く（図2-1）。

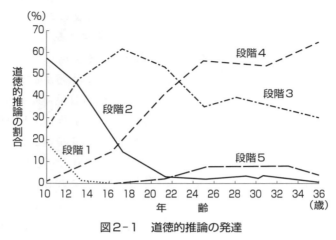

図2-1　道徳的推論の発達

[Shaffer, DR (2009) Social and personality development. Wadsworth, 6th edition p.354]

　このように，若者は思春期の初めまで親の，次いで同性同年齢の仲間集団の強い影響下で道徳的判断が左右されている。しかし，同年齢の仲間集団は学校卒業をもって解体する。若者は，親離れだけでなく「仲間離れ」も行って，少しずつ「社会人」となる準備をしなくてはならない。

6．狭義の青年期と心理社会的モラトリアム

　ここからは，青年期の後半＝狭義の青年期の話へと移る。ところで，青年期とはそもそも，いつまでの期間を指すのか。
　青年期の終わりはいつかという問いは，成人期はいつ始まるのかという問いと同義である。遠藤[17]は，青年期の終わりとは明快に就職の時点であるとしている。問題はその就職の時点がいつなのかである。生物学的な第二次性徴に伴う変化は15歳前後には落ち着く。高度成長期以前の日本もそうであったように，その時点で就職するという文化は現在も存在する。しかし，先進国においては，通常，そこから5年程度先に延ばされている。この約5年の期間こそが狭義の青年期である。遠藤は，この遅延の原因を工業化・近代化に求め，19世紀後半頃から，学校教育が子どもの将来を保証するものとして受け止められ，

生涯賃金や就職後の待遇の観点から、親たちが高い学費を払ってでも高等教育機関に子どもたちを送り込むようになったからであるとする。

エリクソンは、青年期の特徴を**心理社会的モラトリアム**と名付けた。モラトリアムとは経済用語で、支払い猶予、すなわち、借金返済の期限の延期を意味する言葉である。彼はこの時期の心理の特徴を「一般的に言えば、青年の心を最も強く動揺させるものは、職業的アイデンティティに安住することができないという無力感である」[13]と表現し、本質的にはこの期間にはある種の後ろめたさを伴うものとしている。体力的には十分働きに出られる身でありながら、親に学費を依存しているということが、その後ろめたさの源であるというのである。このような理由から、職業的アイデンティティの確立こそが、青年期発達の課題ということになる。

それが1970年代ともなると、青年自身は、青年期をそれほど後ろめたいものと認識していないという意見が出始めた。小此木[18]は、若者たちの中において、青年期をむしろ当然の権利ととらえ、生産者であることよりも消費者であることをよしとし、社会組織の中の身の置き場を探すのではなく、「根無し草的な自己の存在を肯定し、そのような自己の在り方を公然と主張する」という価値観の出現に注目し、**モラトリアム人間**と表現した。現在、青年期を生きている青年自身にとってはどちらかといえば、小此木の主張の方に共感できるという者も少なくないようにみえる。このようなモラトリアム人間をどう評価するかについて検討するために、次節以降は、心理社会的モラトリアムとアイデンティティの関係について確認する。

7. アイデンティティ

エリクソン自身はアイデンティティを次のように説明している[19]。

> 自我同一性の観念は、過去において準備された内的な斉一性と連続性とが、他人に対する自分の存在の意味——「職業」という実体的な契約に明示されているような自分の存在の意味——の斉一性と連続性に一致すると思う自信の積み重ねである。

この定義を平易に述べるならば、アイデンティティとは「将来にわたって今

の路線を続けて大丈夫」という確信のことである。それも抽象的・観念的な感覚にとどまらず，職業のような「実体的契約」に裏打ちされなければならない。つまり，本人の主観のみならず，他者からの承認も不可欠な要素として算入されているということである。「学校を卒業した後，どうする？」という，ごく当たり前の問いに対し，確信をもって答えるために，青年期の間にアイデンティティの達成が必要なのだと考えてよいだろう。

　エリクソン[20]によれば，アイデンティティの達成という心理社会的危機は，他の時期の危機と同様に，青年期に突然降ってわいてくるのではなく，それ以前から存在しているのだという。ただし，青年期の性質（ここでは，子ども時代を終え，大人になるにあたって職業を決めなければならないこと）のために，これまで以上に敏感にならざるをえないということなのである。また，青年期以降にもこの問題がくすぶり続ける可能性も否定していない。

　さて，その自我同一性＝アイデンティティ（identity）の達成の過程で，エリクソンが重視した要素の一つが**同一化**（identification）である。エリクソン[20]は，この両者は語源的にも内容的にも密接な関係があると述べる。同一化はもともとエリクソンの師匠筋にあたるフロイト父娘の理論上の用語である。エリクソンによれば，個人は，幼少期から「自分が依存している人々のようになりたいと願い，またしばしばそういう人間になるように強制され」てきた。親はその対象の筆頭にあげられる。アイデンティティはそのようなさまざまな対象への同一化の積み重ねの総仕上げとして成立するものであり，しかも，これまでの同一化の総和以上の内容を含んでいるとエリクソンは強調する。「総和以上」とあるが，これまで同一化してきたものの中から一部を選択的に拒否すること，つまり，「引き算」も含んだ本格的な再編成である。

　すでに述べたように，親や仲間との過剰に密着した関係はアイデンティティの達成にとって阻害要因となりうるため，青年は，自身の青年期を通してそれを見直していかなければならない。仲間との間で安定した関係を築けたとして，それが，20歳代から60歳代に及ぶ長期間の職業生活における対人関係の安定には，直接は結び付かないのである。エリクソンは青年期の恋愛についても，「拡散した自己像を恋人に投射することにより，そして，それが反射され，徐々に明確化されるのを見ることによって，自分のアイデンティティを定

義づけようという一つの試み」[19]と位置付ける。

また，エリクソン[20]が，アイデンティティの達成の手段として重視するのが，心理社会的モラトリアムの期間内の役割実験である。役割実験とは，どの役割を引き受けるのがふさわしいか試行錯誤することであり，幼い頃の「ごっこ遊び」の延長線上にある。社会的役割を免除された心理社会的モラトリアムの期間にいる青年は，この期間内にさまざまな実験をすることが推奨され，「引き受けてはみたもののやはり自分には合わない」と思えば，その役割から降りることもできる。こうして，徐々に自分の引き受ける役割について的を絞っていくことが求められるが，必ずしもうまくいくとは限らない。

うまくいかない場合とは，例えば，何をやっても他者から肯定的評価を得られないような場合，そして，「これで行く」と決めてこれまで打ち込んできたことが，何らかの事情で挫折するような場合が考えられる。これらの場合，今やっていることが将来につながっているという確信がもてない「時間的展望の拡散」という状況へと至る。この時青年は，「空回り感」に苦しみ続けることとなる。

また，「自分とは何者か」という問いに答えを出せばそれでよいというものでもない。問題はその内容である。社会から蔑まれる存在，親などから「なってはいけない者」としてこれまでも注意されてきた存在（例えば，反社会勢力のメンバーや，いわゆるニートなど）へと同一化していく**否定的同一性**もまた問題である。ここに至るのは，児童期の心理社会的危機「勤勉性 対 劣等感」にうまく対応できず，劣等感に苛まれている状況で，さらにアイデンティティの問題に取り組むことが苦しくて，手っ取り早くこのような「答え」に飛び付いてしまう（「どうせ，自分なんて……だ」）という経路が考えられる。

8．アイデンティティ・ステイタス

同一性達成へと至る過程について，エリクソンの同一性達成と同一性拡散の2類型に独自の観点を加えて，4類型に分類したものがマーシャ（Marcia, JE）[21]の**アイデンティティ・ステイタス**という概念である。その分類基準は，「コミットメント（commitment，積極的関与・自我関与・傾倒などの訳があ

る）」と「危機（crisis）」である。コミットメントとは，積極的に時間やエネルギーを投入することに決めているかどうかを表す。また，危機は，危険を意味するのではなく，エリクソンの役割実験の概念に基づき，真剣に意思決定で悩んだ経験があるかどうかを表す。この2つの基準を組み合わせて，アイデンティティ・ステイタスは，同一性達成，積極的モラトリアム，早期完了，同一性拡散の4類型に分類される。

　第1の類型，**同一性達成**は，危機を経てコミットする領域を見つけることができたということを表す。

　第2の類型，**積極的モラトリアム**は，コミットする領域を見つけるには至らず，現在，危機を経験している（真剣に悩んでいる）最中という類型である。

　第3の類型，**早期完了**は，危機を経験せずに（真剣に悩まずに）コミットする領域を決めた（決めつけた）という類型である。

　第4の類型が**同一性拡散**であり，コミットしていないということが特徴となる。この類型は危機の経験の有無によってさらに2つの下位類型に分類される。一つは**危機前拡散型**で，「何者かである自分を想像することが困難である」というグループである。もう一つが**危機後拡散型**で，一時的には意思決定に関して悩んではみたものの，決定を行うということ自体に否定的な態度へと至り「すべてのことが可能であり，可能なままにしておかなければならない」と考える。すでに述べた小此木のモラトリアム人間は，この類型に該当する。

　海外の文献では，類型間の移行について，同一性拡散→早期完了→積極的モラトリアム→同一性達成，という展開が想定されることが多い（例えば，Côté ら[22]）。ただし類型間の移行は，ここで矢印に示したような単純な不可逆的移行ではなく，時には後戻りするものとされる。マーシャが危機と表現した内容についても，「危機」では1回限りの出来事であると誤解を与えかねないとして，「探求（exploration）」という表現に置き換えられることも多い。さらに，探求と反芻（必ずしも建設的とはいえない迷い）を区別する必要性の提案もなされている（例えば，中間ら[23]）。

　ポッド（Podd, MH）[24]は，ニューヨーク州立大学生を対象に，アイデンティティ・ステイタスと，コールバーグの道徳的発達との関係を検討した。その結果，アイデンティティ・ステイタスと道徳的発達の水準には大まかな関係

があることが示唆された。このサンプルでは，道徳的発達の水準としては最高段階にあたる後慣習的水準に達する者が約3割と比較的多くみられ，その3分の2が同一性達成に達しているのに対し，アイデンティティ・ステイタスが同一性拡散や早期完了である者は，道徳的発達の水準が慣習的水準やそれ以前の前慣習的水準にとどまっている者が多かった。この研究は同一性拡散や早期完了，そしてモラトリアム人間が好ましいとはいえないことを示唆しているといえよう。

　思春期・青年期と一口にいうが，約10年間と決して短いとはいえない期間であり，その始期と終期とでは，本人の心身の変化や周囲の状況は大きく異なるといわざるをえない。先行する世代の者たちは，その時期をまさに過ごしている当人たちには予測できないような今後の展開に対し，人生の先輩として適切なアドバイスを与え，来る成人期において，職業生活や家庭生活に新たなスタートを切れるように支援をすることが求められるといえる。

■引用文献

1) シュプランガー, E (土井竹治訳) (1973) 青年の心理, 五月書房.
2) ニューマン, BM & ニューマン, PR (福富護訳) (1988) 新版 生涯発達心理学——エリクソンによる人間の一生とその可能性, 川島書店.
3) 総務庁青少年対策本部編 (1999) 平成10年度版青少年白書, 大蔵省印刷局.
4) Epstein, JL (1989) The selection of friends. In Berndt, TJ & Ladd, GW (Eds.) Peer relationships in child development. Wiley.
5) Mussen, PH & Jones, MC (1957) Self-conceptions, motivations, and interpersonal attitudes of late-and early-maturing boys. *Child development*, **29**, 242-256.
6) Jones, HE (1949) Adolescence in our society. The family in a democratic society: Anniversary papers of the community service society of New York: Columbia University Press.
7) Tobin-Richards, M, Boxer, AM & Pertersen, AC (1983) The psychological significance of pubertal change : Sex differences in perceptions of self during

early Adolescence. *In* Brooks-Gunn, J & Pertersen, AC (Eds.) Girls at puberty. New York: Plenum.
8) Hollingworth, LS (1928) The Psychology of the Adolescent, New York: Appleton.
9) 西平直喜 (1990) 成人になること―生育史心理学から, 東京大学出版会.
10) 保坂亨 (1996) 子どもの仲間関係が育む親密さ―仲間関係における親密さといじめ. 現代のエスプリ, 353, 43-51.
11) Sullivan, HS (1953) The interpersonal theory of psychiatry. WW Norton.
12) Dunphy, DC (1963) The social structure of urban adolescent peer groups. *Sociometry*, 26, 230-246.
13) エリクソン, EH (岩瀬庸理訳) (1982) アイデンティティ―青年と危機, 金沢文庫.
14) シェリフ, M & シェリフ, CW (重松俊明監訳) (1968) 準拠集団―青少年の同調と逸脱, 黎明書房.
15) Kohlberg, L (1984) The psychology of moral development. Essays on Moral development, vol.2, New York: Harper and Row.
16) Shaffer, DR (2009) Social and personality development. Wadsworth, 6th edition.
17) 遠藤由美 (2000) 青年の心理―ゆれ動く時代を生きる, サイエンス社.
18) 小此木啓吾 (1978) モラトリアム人間の時代, 中央公論社.
19) エリクソン, EH (仁科弥生訳) (1977・1980) 幼児期と社会 1・2, みすず書房.
20) エリクソン, EH (小此木啓吾訳編) (1973) 自我同一性, 誠信書房.
21) Marcia, JE (1966) Development and Validation of Ego Identity Status. *Journal of Personality and Social Psychology*, 3, 551-558.
22) Côté, JE & Levine, C (1988) A critical examination of the ego identity paradigm. *Developmental Review*, 7, 273-325.
23) 中間玲子・杉村和美・畑野快・溝上慎一・都筑学 (2014) 多次元アイデンティティ発達尺度 (DIDS) によるアイデンティティ発達の検討と類型化の試み. 心理学研究, 85, 549-559.
24) Podd, MH (1972) Ego identity status and morality: The relationship between two developmental constructs. *Developmental psychology*, 6 (3), 497-507.

第3章
成人期から高齢期の発達の特徴

1．成人期の発達

(1) 成人期の心理社会的危機：親密性，世代性

　まず，成人期と一口にいっても，20歳代から60歳代までの40年程度の長期間にわたる。そのため，さらに成人前期と成人後期に区分して考えることが一般的なとらえ方となる。

　エリクソン（Erikson, EH）は，成人前期にあたる時期の**心理社会的危機**を**親密性**としている。「他者と親密な関係を築くこと」とは，恋愛・結婚にかかわることにとどまらず，友人関係などの人間関係にもあてはまることであり，また「親密」とは単に他者と仲よくすることを指すのではなく，青年期で確立したアイデンティティを保ちつつ（個としての確立した状態を維持しながら）関係を維持することを指す。エリクソンは，「青年期においてアイデンティティの感覚が確立されて初めて，異性との本当の親密さ（正確には，あらゆる他人との親密さ，さらには自分自身との親密さ）が可能になる」[1]と述べている。次に，成人後期にあたる時期の心理社会的危機は**世代性**であり，「主として次の世代を確立し，導くことへの関心」[1]を指す。このことは人を育てること（次世代育成）だけではなく，新たな作品・価値を生み出すなど，次世代のためになるものを生み出して残していくことも含まれる。これらの心理社会的危機からすると，成人期は他の発達期と比べて，自分と同世代，下の世代（自分の子の世代），さらには上の世代（自分の親の世代）などさまざまな年代の他者との関係の中で，どのように振る舞っていくかが中心的な課題となる時期であるといえるだろう。

(2) キャリアから成人期をとらえる

　ここからは，成人期を理解するための一つの観点として，**キャリア**という概念を用いて話を進めていきたい。まずキャリアのとらえ方には，①職業に限定するとらえ方と，②職業に限定しないとらえ方の2つがある。そもそもキャリアとは語源的には「わだち」であり，通り過ぎてきた後にできる足跡を意味する。これを職業に限定してとらえると，キャリアは「職歴（職業経歴）」を意味することとなる。昇進したり転職したりすることでキャリアが「アップ／ダウン」し，退職によってキャリアは途切れることとなる。

　では，②職業に限定されないキャリアとはどういうものだろうか。ここで職業をもつ人の1日の時間の使い方を考えてみよう。1日8時間労働，残業が1時間程度，通勤・移動に1時間程度と考えても10時間程度であり，24時間のうちこれくらいの時間を「労働者」として過ごしているわけである。では，残り14時間は「誰として」過ごしているのだろうか。それは，誰かの配偶者（夫，妻）であったり，親であったり，あるいは子ども（自分の親に対して）であったり，ボランティアなどの活動を行う「市民（citizen）」であったり，あるいは趣味を楽しむ個人であったりするのだろう。この職業に限定されないキャリアとは，それらをすべて含む「人生経歴」とでもいうべきものである。このキャリアのとらえ方は，スーパー（Super, DE）のキャリア発達理論の考え方に基づいており，①のキャリアと区別して**ライフキャリア**と表現される。労働者，配偶者，親といった「誰か（何か）に対する自分の役割（＝社会的役割）」をキャリアの構成物としてとらえているわけである。

(3) 社会的・職業的に自立する

　「成人期をキャリアという観点でとらえる」ということから先の項を記述してきたが，職業に限定されないキャリアのとらえ方をすると，キャリアは成人期だけ適用される概念ではなく，「生涯」に適用可能だということになる。ここでは，成人期よりも前の時期のキャリアの問題について考えてみよう。具体的には，現在各学校段階では「キャリア教育」が行われるようになったが，そこでのキャリアの意味，この教育のねらいを考えてみたい。

　「キャリア教育」とは「一人一人の社会的・職業的自立に向け，必要な基盤

となる能力や態度を育てることを通して，キャリア発達を促す教育」[2]であり，記述の中にあるキャリア発達とは「社会の中で自分の役割を果たしながら，自分らしい生き方を実現していく過程」[3]と説明されている。まず社会的・職業的自立とあるが，「職業に就くこと」と「働くこと」は重なり合うものだが決して同じではない。専業主婦の家事やボランティアの活動も「働く（work）」である。要は職業に就くかどうかにかかわらず，人は「働くこと」を通して他者・社会とかかわっていくのである。そして「社会的・職業的にどうやって自立して生きていこうかを考えてそれを実現していくことができる力」を育てていこうというのが，キャリア教育の目指すものである。そのためには，従来の進路指導で行われてきたような自己理解（例：適性検査），職業理解（例：職業調べ），それらの理解を促進したり勤労観・労働観を形成したりするために行われる啓発的経験（例：職場体験学習など）も必要となるわけだが，それだけにとどまらず，「ビジネスマナー文書を書くためには国語の力も必要，社会常識を得るためには地理や歴史の知識も必要」というように教科

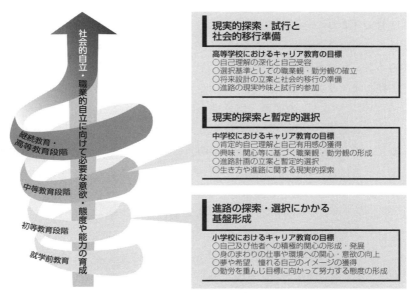

図3-1　キャリア教育の全体図

［文部科学省（2011）中学校キャリア教育の手引き，p.29，教育出版］

教育も巻き込んで,「児童生徒が将来を自ら作っていく力」を順々に育てていくための活動がキャリア教育に含まれるのである（図3－1）[4]。

（4）キャリアを自ら決めていく力を育てる

　キャリア教育が強調されるようになった背景の一つには，社会的・職業的自立をうまく果たせない若者の問題がある。フリーターの増加，NEET（ニート），早期離職などのさまざまな言葉が，若者の社会的・職業的自立の問題で指摘されてきたが，これらは同時に，労働者を雇用する側の問題（例1：正規雇用より非正規雇用を増やしたい，例2：いわゆるブラック企業によって新入社員が消耗させられ退職に追い込まれる）でもあることには留意したい。
　では「学校段階を終え仕事に就いて，社会的・経済的自立を果たして，その後働き続けて成人期を過ごしている」のならまったく問題はないかというと，そうではない。その後の人生において軌道修正を迫られることも想定されるからである。それは，結婚などライフイベントがきっかけになるかもしれない。または，自然災害などの予期せぬ出来事かもしれない。何にせよ，起きた出来事に応じて「これからどうしていくか？」「今までと同じでいられるか？」「何を変えていくか？」を考え直さなければならなくなる。例えば「結婚して仕事を辞めるか，続けるか？」を考える時，それは職業に限定したキャリアでの問題（主題：キャリアが途切れるかどうか）でもあり，人生経歴としてのキャリアでの問題（主題：どの役割，何を中心にした生活・人生とするか）でもある。こう考えると，キャリアを形成する力は生涯にわたり必要になるといえる。また，前章で説明した「自分は誰か」に関するアイデンティティと同じく，キャリアは人生の節目・転機に応じて見直されるものだといえるだろう。
　また，キャリアが「節目に見直しが必要になるもの」だとするなら，逆にいえば，「私はこうして生きていく」という「確固たる，唯一の生き方」を青年期に定め，それに従って（縛られて）生きていく必要はないともいえる。もちろん「何を決めても見直すのだから，ちゃんと決めなくていい」というわけではない。要は，「一度決めたら変えてはいけない」のではなく，たとえこの先数年範囲のことであっても，行き先を定めて進み，自分と周囲の状況に合わせて変える時には変えることが大事になるわけである。

（5）キャリアをマネジメントする

　先に，人生において軌道修正を迫られ，自分の生き方を考えることは，「人生経歴としてのキャリアでの問題（主題：どの役割，何を中心にした生活・人生とするか）」であると書いた。例えば成人期の女性が，「家の外では保育士として働き，家では配偶者であり親であり，子どもの学校ではPTAとして役員をしている」とする。「保育士」「配偶者」「親」「PTA役員」という4つの役割をその女性はもつわけだが，どの役割が中心となるだろうか。これは，「どの役割を中心としたいか」という本人の意図もかかわるし，「どの役割に手間がかかり，時間も労力も取られるか」という役割側の事情もかかわってくる。「複数の役割がある中でどの役割を中心にして，どの役割にどれだけの時間と労力をかけていくか」ということ，つまり「役割のマネジメント（やりくり）」が成人期には重要となってくる。「仕事を中心としたい，けれど家のことに時間と手間がかかってしまう」と「やりたいことと実際がずれてしまう」人もいれば，「家のことを中心にしたい，仕事はパート程度で構わない」とやりたいことが実現できている人もいるわけである。人にはそれぞれの事情があり，何を選択すべきかに「絶対的な正解」があるとも限らない。「成人期の様相はさまざま，人それぞれ」となる理由がここにあるといえる。

2．高齢期の発達

　まず，「年を取ることはどういうことか」「高齢者はどのような特徴をもっているか」「高齢者にどのようなイメージをもっているか」ということを書き出してみてほしい。さて，あなたが書いたことを，高齢者や年を取ることのよい面にふれたポジティブなもの，逆に悪い面を中心としたネガティブなもの，事実（と思われるもの）を中心とした中立的なものに分けるとしたら，どのようなものが多く含まれていただろうか。

（1）エイジングとはどのような意味か

　初めに**エイジング**（aging）という言葉について考えてみたい。化粧品等でアンチエイジング（anti-aging）をうたうものがあるが，この文脈ではエイジ

ングは「老化，衰え，劣化」と置き換えられ，それに抵抗することがアンチエイジングということになる。つまり，年齢を重ねることに伴う変化を「よくないもの，望ましくないもの」としてとらえるものだといえよう。

　それとは異なり，エイジングを「加齢」とする場合がある。発達心理学では一般に発達を「受精から死に至るまでの心身の変化の過程」と定義するが，この定義からするとエイジングは単純に「年を取ることによる変化」を指すこととなり，その変化は特に「老化等のよくない変化」だけに限定されないこととなる。では，「高齢期の『よくない変化』ではない変化」とはいったいどのようなものがあるのだろうか。

（2）高齢になっても維持・向上される機能の例

　高齢者が登場する文学・映像作品をいくつか思い起こしてみてほしい。それらの中には高齢者を「若輩が知恵を授かりにいく対象」として描いているものも多いのではないだろうか。要は，年長者には若い人にはできない判断が可能で頼りになる存在だということも，世の中が受け入れている高齢者の一つの姿であるといえよう。ここで，流動性知能と結晶性知能という知能の区分に触れる。**流動性知能**とは，経験したことのない新しい事柄に対応するための問題解決や情報処理の迅速さにかかわる知能の側面のことをいい，**結晶性知能**とは，これまでの経験に基づいて蓄積された知識を用いた理解判断にかかわる知能である。これら2つの知能のうち，流動性知能の方が相対的に加齢の影響によって低下しやすい。例えば，新しく開発された機械・技術に対して，より若い者の方が使いこなすのが早く，年を取ると対応するのが苦手になりやすいのは，流動性知能の変化からある程度説明できるわけである。一方，冒頭の例で触れた「経験に基づいて判断する」ことにかかわる結晶性知能は，年を重ねてもある程度の期間は維持・向上されるものだということが明らかとなっている。要は，高齢期には何もかもが一律に衰えていくばかりではないわけである。

（3）年を取ることへのイメージ

　次に，「認知症」ということについて，以下の問題に答えてほしい。
・問1：もの忘れがひどくなるのは認知症のあらわれだ　　（はい，いいえ）

・問2：認知症は治らない　　（はい，いいえ）

さてどうだろうか。答えはどちらも「いいえ」である（図3-2，図3-3）[5)6)]。簡単に補足すると，もの忘れがあるというだけでは「年を取ったこ

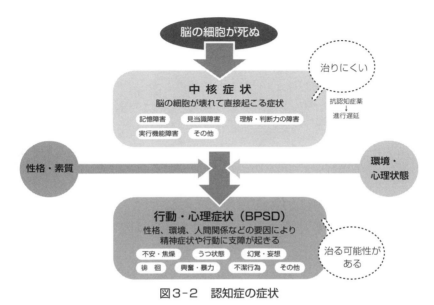

図3-2　認知症の症状

［斎藤正彦（2017）中核症状 症状1記憶障害．地域ケア政策ネットワーク編：認知症サポーター養成講座標準教材 認知症を学び地域で支えよう，p.7，地域ケア政策ネットワーク］

加齢によるもの忘れ		認知症の記憶障害
経験したことが部分的に思い出せない	⇔	経験したこと全体を忘れている
目の前の人の名前が思い出せない	⇔	目の前の人が誰なのかわからない
物の置き場所を思い出せないことがある	⇔	置き忘れ・紛失が頻繁になる
何を食べたか思い出せない	⇔	食べたことじたいを忘れている
約束をうっかり忘れてしまった	⇔	約束したことじたいを忘れている
物覚えがわるくなったように感じる	⇔	数分前の記憶が残らない
曜日や日付を間違えることがある	⇔	月や季節を間違えることがある

図3-3　もの忘れと認知症の記憶障害との違い

［斎藤正彦（2017）認知症の症状．地域ケア政策ネットワーク編：認知症サポーター養成講座標準教材 認知症を学び地域で支えよう，p.6，地域ケア政策ネットワーク］

とで自然と起きること」である場合もある。問題は「何を忘れてしまうか」「いつのことを覚えていられないか」である。問2は少し難しいかもしれない。認知症の中でもアルツハイマー病の場合は，薬を用いて進行を遅らせることは可能であっても，根治することは望めない。しかし，脳血管性認知症の場合は「薬や身体活動を高めるリハビリテーション，脳梗塞など，脳血管性認知症の原因となる病気の再発防止などにより，進行を止める可能性が高く」なるとされている[7]。

　もし問1，問2のどちらにも「はい」と答えていたら，高齢期および高齢期に生じることに対して否定的なイメージをもっている可能性がある。年を取ることは「弱くなる，悪くなる，失うこと」だというとらえ方が，高齢者に対する誤ったイメージの形成や，認知症に対する誤解などにつながり，高齢者差別へとつながる可能性がある。このことを**エイジズム**という。

　ただし，単に高齢者を否定的にとらえることだけが高齢者とかかわる上での問題を生み出すわけではない。大村は，特別養護老人ホームに勤務する職員を対象者とした研究において，職員が高齢者に対して「親しみやすさ」をイメージとしてもつ場合に，この「親しみやすさ」の理想と現実のズレの大きさが暴力や暴言などの発生と繰り返しに影響を与えていたことを見出している。この「親しみやすさにおける理想と現実のズレ」とは「近づきたい，親しくなりたい，または親しみやすくしてほしいといった老人に対する期待や希望を含む理想と，そうはさせてくれない現実のズレ」であり，「理想イメージに固執せず，現実イメージに示されるような現実の老人に合わせた柔軟な態度が必要だ」とまとめている[8]。

　また，「高齢者をいたわろう」という思いがかえって高齢者のためにならない場合もある。周囲の人が代わりにやってあげようとしたり，危険につながりそうなことを制止したりすることが多いと，高齢者自身に何もさせなくなっている場合もあるだろう。例えば，「転ぶと危ないから座っていて」ということが続いてしまうと，次第に足の筋力が衰えて歩きづらくなることにもつながるかもしれない。このように，ある機能を使わずにいるうちに衰えてしまうことを**廃用性障害**という。また，「いたわり」として他者から提供される支援を高齢者が受け入れない場合もあるだろう。「自分の若さに自信があり，老いを認

めていない高齢者」にとっては，いたわりが余計な気遣いとなるだろうし，「老いを自覚し，これまでのような『有能な』状態ではないと感じている高齢者」にとっては，いたわりが「申し訳なさ」を生み出す可能性もある。要は，気遣いが高齢者の自尊心を傷つけてしまう場合があるというわけである。

（4）サクセスフル・エイジングとは

　サクセスフル・エイジング（successful aging）とは「幸福な老い」とも訳される概念であり，「どのような状態がサクセスフル・エイジングなのか」「何がサクセスフル・エイジングを導くのか」などがさまざまな分野で検討されている。ただし，これらの問いにシンプルに答えるのはなかなか難しい。例えば，「健康であること」をサクセスフル・エイジングの条件と考えてみよう。健康の定義としてよく用いられる世界保健機関（WHO）の定義「健康とは，身体的・精神的・社会的に完全な well-being の状態であり，単に病気・損傷がないということではない」は，（実は高齢者以外の年代でも）達成のハードルが高すぎる。身体面に限っても，「衰え」は誰にとっても不可避であり，さまざまな理由で病院の世話になることも増えていく。こうした状態では，「完全な状態」を求めるよりも「その時の自分がやりたいことをできる状態でいること」が重要となるだろう。その意味するものは，「無病息災」ではなく「一病息災」であり，持病や不具合がありつつも「やりたいことができる状態であるか」が重要だといえる。

　また，身体的な衰えや認知機能の低下は避けようのないことであったとしても，ただ単にそれを受け入れるしかないということではない。図3－4「こころの加齢モデル」[9]を見てほしい。ここでは加齢の生物学的側面と社会的側面が心理的加齢へと影響する流れの中に，**補償**というものがおかれている。例えば，視力が低下したり老眼となったりした場合，眼鏡をかけて見づらさを解消するという方法がある。要は，援助や補助を受けたり，新しい技術・製品を用いたりすることで，できなくなったことをカバーする「補償」という対処方略を用いることもできるわけである。バルテス（Baltes, PE）が提唱した**選択的最適化補償理論**（selection optimization and compensation）では，補償の他に**選択**（目標とするものを減らしたり，達成水準を下げたりすること），**最適**

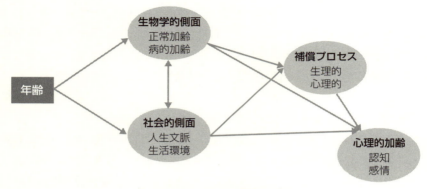

図3-4　こころの加齢モデル

［権藤恭之（2008）生物学的加齢と心理的加齢．権藤恭之編：朝倉心理学講座15 高齢者心理学，p.24,
朝倉書店］

化（限られた資源をうまく使うようにすること）などがあげられている。これらの方略を用いて喪失・衰えに立ち向かうことで，「昔のようにはできなくなったけれど，今しようとしていることができている」という状態でいることができるのである。

(5) 社会的役割をもつことの意義

　成人期の説明でライフキャリアという概念を紹介した。ライフキャリアの老年期での変化として，まず「社会的役割が喪失されやすい」ことが指摘できるだろう。藤原は，「高齢になると，引退と同時に職業上の地位や肩書を喪失し，子どもが独立したり配偶者の死に見舞われたりして，家族の役割も喪失し，社会的役割が減り，それを機に元気を失う人も少なくありません。今までの役割を喪失したときに，家族より開かれた地域や社会に向けて社会的役割を変化させていけるかどうかが大きな分かれ目」であると指摘し[10]，「社会的役割の喪失が少ないほど，周囲との人間関係や社会活動が維持されやすく，結果的に自己を肯定する気持ちが保たれて主観的幸福感が高いまま暮らすことができる」[10]とまとめている。「地域や社会の中での社会的役割」をもつということには「労働者（アルバイトでも）として働くこと」「ボランティアとして活動すること」「地域活動に参加すること」などが含まれる。要は，「生涯現役

として活躍することを指すわけである。ただし，堀口と小玉は，高齢者の社会的活動には「自ら進んで参加する場合と外的な圧力に統制されて参加する場合」があることを指摘し，「活動に対して自分なりの意味をもち，自律的な動機付けに基づき参加することがwell-beingを促す」ことを示している[11]。

また，孫をもち祖父母となることは高齢期での数少ない「新たに獲得する役割」といえる。社会的役割をもつことが高齢期によい影響をもたらすことを考えれば「孫育て」をすることも高齢者にとってはよい影響をもたらすことが考えられるが，話はそれほど単純ではない。中原は，前期高齢者（おおよそ60歳代後半から70歳代前半）を対象とした調査において，「祖父母アイデンティティの意味付けがポジティブであることは，祖父母役割を満足させるだけでなく，主観的well-beingの維持や増進に直接寄与している」とした[12]。要は，孫とかかわることがよい影響をもたらすのは，祖父母たる自分を前向きに受け入れて満足している場合だというわけである。

（6）人生をまとめる：高齢期の心理社会的危機「統合性」

最後に，エリクソンによる高齢期の心理社会的危機に触れる。高齢期の心理社会的危機は**統合性**であり，自分の人生を唯一無二のものとして，自分にとって意味のあるものとして受け入れることができているかにかかわるものである。高齢者がこれまでの人生を語る時，自分の人生に起きた出来事を一つの意味を成すストーリ，「物語」へとまとめることは，統合という課題に向き合っている時でもあるといえよう。ただし，高齢期には常に「人生のまとめ」や「死への備え」に向き合い続けなければならないわけではない。丹下らは，40歳から79歳の者を対象に行われた長期縦断研究の結果から，「一般の人々は極度に死を恐れているわけではなく，死の主題の取り組みを折に触れて行っていると考えられる。さらに死は人々に若干の否定的な感情を起こさせつつも，同時に生きることへの積極的／肯定的な影響を与えうるものでもある。『生』の主題と同様，『死』の主題も『常に』考え続ける必要はなく，むしろ常に死について考えている状態は精神的に不健康である可能性が高い」と指摘している[13]。

■引用文献

1) エリクソン，EH（西平直・中島由恵訳）(2011) アイデンティティとライフサイクル，誠信書房．
2) 文部科学省編（2011）中央教育審議会答申　今後の学校におけるキャリア教育・職業教育の在り方について，p.16，ぎょうせい．
3) 前掲2)，p.17.
4) 文部科学省（2011）中学校キャリア教育の手引き，p.29，教育出版．
5) 斎藤正彦（2017）中核症状 症状1 記憶障害．地域ケア政策ネットワーク編：認知症サポーター養成講座標準教材　認知症を学び地域で支えよう，p.7，地域ケア政策ネットワーク．
6) 前掲5)，p.6.
7) 前掲5)，pp.16-17.
8) 大村壮（2010）特別養護老人ホーム職員の高齢者イメージのズレが施設内老人虐待に与える影響．心理学研究，81，406-412.
9) 権藤恭之（2008）生物学的加齢と心理的加齢．権藤恭之編：朝倉心理学講座15 高齢者心理学，pp.23-40（図は p.24），朝倉書店．
10) 藤原佳典（2016）年齢とともに，活躍の舞台を変えよう．藤原佳典・小池高史編：ジェロントロジー・ライブラリーⅡ 高齢期の就業と健康 何歳まで働くべきか，第1章，pp.26-49（図は p.37），社会保険出版社．
11) 堀口康太・小玉正博（2014）老年期の社会的活動における動機づけと well-being（生きがい感）の関連．教育心理学研究，62，101-114.
12) 中原純（2011）前期高齢者の祖父母役割と主観的 well-being の関係．心理学研究，82，158-166.
13) 丹下智香子・西田裕紀子・富田真紀子・大塚礼・安藤富士子・下方浩史（2016）成人中・後期における「死に対する態度」の縦断的検討．発達心理学研究，27，232-242.

第4章
家族システムと家族発達

1. 保育環境と家庭環境

　子どもを取り巻く環境を**保育環境**と**家庭環境**の関係からみてみよう（図4-1）。保育者は，日中保育の中で，個別の子どもへのかかわり（図4-1①）や子ども同士のかかわり合い（同②）の観察を通じてその子どもの理解を進めている。しかし，家庭環境における子どもたちの姿を直接見ることはできない。そこで保育者は，保護者とのコミュニケーション（同③：声がけ，対話，連絡帳，面接など）を通じて，家庭での子どもの様子や親子の関係を判断，あるいは推察する。したがって，もし保護者とのコミュニケーションがうまくいかなければ，子どもを取り巻く家庭環境を知ることは難しくなる。

　家庭環境と一口にいっても，子どもへの影響要因はさまざまである。保護者自身の状況（心身の状態，経済状態，成育歴，サポート状況，子育て観や期待など），保護者の養育スキルや子どもへの関与の状態（同④：母子関係，父子関係），夫婦として互いを尊重し合い円満な関係を築いているかどうか（同

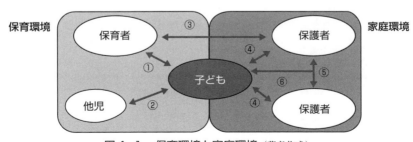

図4-1　保育環境と家庭環境（著者作成）

⑤：夫婦関係），また，父親と母親は親としての役割をどのように一緒に行っているかどうか（同⑥：両親による子育ての協力関係・コペアレンティング）などは，いずれも子どもの養育環境を構成する重要な側面である。

2．家族の構造と機能

（1）A君の事例
次のような事例をもとに，家庭環境の中で起こることを考えてみよう。

> 4歳のA君はじっと座って保育者の話を聞くのが苦手である。お集まりの時は近くの子にちょっかいを出し，目につくものには何でも手を出すので目が離せない。保育者は，そうしたA君に対して個別の支援計画を立てて対応することで手ごたえを感じていた。ところが最近，声をかけようとするとA君はその場を逃げて走り回る姿が頻繁に見られるようになった。保育者は，家庭でのA君の様子を知りたいと思ったが，お迎えにくる母親は，まだ遊びたがるA君を引っ張ってそそくさと帰ってしまうので，声がかけにくい。そこで保育者は，母親を個別面談に誘った。
> 　母親は最初は緊張していたが，次第に打ち解けて，A君は家庭でも落ち着きがなく対応に困っていると話した。保育者が「おうちでもA君は気が散ってしまうところがあるんですね。お仕事から帰って家事で忙しい時など，A君の相手をするのは大変でしょう」と言うと，母親は目に涙を浮かべた。そして，「Aがちっとも言うことを聞かないので，父親は『何度言ったらわかるんだ』と大声でAを叱るんです。私がAをかばうと，『お前が甘いからこうなるんだ』と言われ，Aは余計に叱られます。父親から叱られないように，私がちゃんとさせないといけないのですが，Aは言うことを聞いてくれないので，この頃は，私もついAにイライラをぶつけてしまうようになって……」と涙を流した。
> 　保育者は，これまで見えていなかった家庭でのA君の姿，父子関係，母子関係，夫婦関係がわかってくるに従い，A君だけではなく保護者にも支援が必要ではないかと思うようになった。

（2） 家族をシステムとしてとらえる
家族心理学や家族療法においては，家族を一つのシステムとしてとらえるこ

とが，個々の家族成員のみならず，家族全体を理解し支援する上で有効であると考えている。岡堂は，家族システムの特徴を次のようにまとめている[1]。①家族は，複数の個人が相互に結び付き構成するシステムである。②患者やクライエントと呼ばれる人（IP：identified patient）は，病める家族システムのSOS信号である。③家族内部には，夫婦，親子，きょうだい関係などのサブシステムがある。④サブシステムの構造化に応じて，勢力の配分と階層ができる。⑤家族内には個人の自立性に諸段階がある。⑥家族内の相互作用・コミュニケーションには，独特の構造と過程とがある。⑦家族システムは，時間の経過に伴って変化するが，その過程には諸段階がある。

　家族システムのこれらの特徴を考慮したアプローチでは，問題の原因をつきとめようとする視点をいったん脇におき，症状や問題を呈している人（IP）と家族を含めた人々の相互作用，行動のパターンや過程に注目して問題解決を図るのである。

　A君（この事例でのIP）の例では，どのような理由であれ，A君や母親を怒鳴る父親や，自らA君にイライラをぶつける母親が悪いと思う人は多いだろう。そして，その原因は父親のパーソナリティや母親の育児スキル不足だと考えるかもしれない。しかし上述のように，原因を一つに特定する見方をいったんおいて，視点を変えると，子どもの特徴が親の養育行動に影響を与えていると考えることはできないだろうか。父親は，「Aがちっとも言うことを聞かないので」「お前（母親）が甘いから」，自分がなんとかしようと子どもや母親を叱っている。これに対して母親は，「子どもが父親から叱られないように」自分でなんとかしようするがうまくいかず，Aにイライラをぶつけることになっている。両親ともに「子どもをしっかり育てよう」「子どもを守ろう」と思っていたはずなのに，家族がいつのまにかこうした悪循環に陥ってしまっているととらえると，単に暴力的な両親像だけではなく，「なんとか解決したい」と悪戦苦闘している父親・母親像が浮かび上がってくるだろう。

（3）悪循環と問題の維持

　一般に，なんらかの問題が表面化すると，原因を解明し取り除くことで問題を解決しようと考えることが多い。子育てであれば，「親の育て方が悪いか

図4-2 円環的認識論　　図4-3 対処行動の悪循環と問題の維持

ら，子どもに問題が生じる」という図式で考えがちである。こうした単純な「原因→結果」という考え方は，**直線的認識論**といわれる。

　一方，問題にかかわる事象やコミュニケーションは，相互影響的に関係し合い，一定の循環パターンを描いているとする考え方は，**円環的（循環的）認識論**と呼ばれる（図4-2）。A君の家族のパターンを円環的にとらえるならば，図4-3のように示すことができるだろう。

（4）家族内サブシステムの考え方（「夫-妻」・「父親-母親」・「親-子」関係）

　A君に対する父親のかかわり方と母親のかかわり方は，図4-1に示した**コペアレンティング**（図4-1⑥）の部分である。コペアレンティングは，「両親が親としての役割をどのように一緒に行うか」[2)]という「父親-母親」サブシステムを指している。

　結婚による「夫-妻」関係と，子どもが生まれることによる「父親-母親」関係は，同一の人物間の関係であり，日常生活の実感としては必ずしも明確に区別できるわけではない。しかし，家族システム論においては，「夫-妻」と「父親-母親」は異なるサブシステムであり，互いに関係し合いながらも，子どもの発達や家族システムにそれぞれ独自の影響力をもつ。A君の事例でも，A君に対する父親の行動と母親の行動は，相互に関連し合いながらも（母親が甘いから父親は厳しくする，父親が厳しいので母親は自分だけで子どもの問題を解決しようとする），それぞれがA君に対して影響を与えていた。

　コペアレンティングがパートナー双方にとって調和的であるためには，母親

と父親間における，子育ての責任，連帯感や協働感の共有が求められる。すなわち，父親と母親それぞれが，①自ら子育てに関与すること，②子どもの成長にとってお互いの存在が重要であると認めること，③相手の判断に価値をおくこと，④協調的な相互コミュニケーションを維持すること，が必要である[3]。こうした調和的なコペアレンティングは，特別な支援ニーズをもつ子どもの子育てにおいても重要とされている[4]。

ところが，母親が子どもと強い一体感をもち「子どもの世話は自分がやらなければならない」という責任を取り込むと，他者からの援助を自ら遠ざけてしまうことがある[5]。もし，他者からの援助がなくても順調に子育てが進むようであれば，母親自身の有能感や自信は高まるだろう。しかし，A君の場合のように，子育てに対する母親の負荷が高まり自分1人では対処できない場合，母親は行き詰まり感と孤立感を抱くことになる。

保育者が声をかけて面談の場をもち，A君の母親が自分の不全感を他者に話すことができたことは重要な転機となるかもしれない。家庭外の支えを受けることで，家族内の悪循環を知り，他者の力を借りながら子どもへの適切な対処に気付き，子どものよい面にも着目できるようになることが望まれる。母親と父親には，本来は両親ともに子どもへの温かなかかわりを望んでいたはずだということを再確認してもらい，互いに攻め合うのではなく，ともに励まし合い力を合わせてA君にかかわってもらえるように支えたい。

3. 家族システムに影響を与えるもの
―生態学的システム理論―

これまで，保育環境と家庭環境の関係を考えるために，家族内のシステムとその機能を概観してきた。ただし，現実の家族は，社会から切り離されて存在しているわけではない。いずれの家族成員も，職場，学校，地域とつながり，祖父母・親族，友人，近隣との付き合いをもちながら暮らしている。保育所等もまた，家族に影響を与える家族外の資源といえる。そこで次は，子どもを取り巻く**生態学的システム**のさまざまな影響関係に目を向けてみよう。

ブロンフェンブレンナー（Bronfenbrenner, U）は，人間発達は，人間と環境が相互に関連し合うプロセスであると述べている。特に，人間は環境に影響

を与える存在であるとともに，時間に伴って変化する存在であること，人間を取り巻く環境は，マイクロシステム，メゾシステム，エクソシステム，マクロシステムという4つのシステムでとらえることができると説明している[6)7)]。

マイクロシステムは，家庭，学校など，子どもが直接的な経験によって発達する生活環境が当てはまる。**メゾシステム**は，「家庭と職場」「家庭と学校」など2つ以上の異なるマイクロシステムの間の相互関係である。子どもであれば，家庭と保育所，近隣の遊び場などの関係があげられよう。保護者においても，家庭と職場というメゾシステム間の調整をしながら，双方の両立に努力しているに違いない。**エクソシステム**は，その人が属していない場から，その人の発達に影響が及ぶような関係である。例えば，子どもは保護者の職場に属しているわけではないが，職場における保護者の経験は，保護者を通じて間接的に子どもに影響を与える。したがって，保護者が子育て支援に配慮された職場で働くことは，子どもにもポジティブな効果があると考えられる。さらにマイクロシステム，メゾシステム，エクソシステムの上位には，地域社会，国家や，そこに機能するイデオロギー，規範，文化などの**マクロシステム**が想定されている。マクロシステムは，下位システムの背景となる体系といえる。

なお，ブロンフェンブレンナーが初期に提唱したこれら4システムは，いわば「場」と「場」の関係であったが，後年，人生における環境移行や時代，あるいは世代といった時間的要素として**クロノシステム**が付加された。そこには，災害や歴史的・社会的出来事などの事象も含まれている。

個人と環境の関係を検討するにあたって，生態学的システム理論の示す多水準システムの考え方は示唆に富んでいる。人間は，生涯を通じて，環境とかかわりながら，相互作用の中で発達を遂げていく。目の前の子どもの発達を考える際にも，子どもと保護者の関係や，また，彼らを取り巻く多様な環境との直接的・間接的影響の関係を念頭において考える視点をもつことが重要である。

4．家族の発達

（1）複雑化，多様化した家族

家族には歴史があり，家族成員の構成や役割機能も時間とともに変化する。

家族成員はそれぞれ発達する存在であるが，総体としての家族もまた，危機に取り組み，生活構造や関係性を修正変容させながら適応的な状態へと再構築していく発達過程を描いている。岡堂は，家族にとっての基本的な課題は，「特定段階にしがみつくことなく，また急激な変化に圧倒されることなく，成長できるような方向で，安定と変化を統合すること」と述べている[8]。

ただし，現代の家族は多様化しており，一人親，再婚，養子縁組，里親，独身，子どもをもたない選択など，その様相は一様ではない。高齢社会を受けて介護の問題もまた，家族のかたちに大きな影響を与えている。そこで，表4－1に，家族の変容過程に関するベースモデルを示した[9]。複雑化，多様化した家族の個別性も念頭におきながら，家族のベースモデルを参考にしてほしい。

（2）親からの自立と新婚家庭の形成

青年は，いまだ親から経済的・情緒的サポートを受けていても，自分の世界が広がり，友人や異性関係が深まるに従い，親とは距離をおくようになる。**心理的離乳**とも呼ばれるこの時期は，親側にも，子どもの自立を促し，分離の痛みを受け止める姿勢が必要となる。親子双方が心理的距離を尊重しつつ，親和的で成熟した新たな親子関係を目指すことが望ましい。青年が職業人として社会的役割を得れば，経済的にも原家族から分離され，自らの家庭を構える段階に近付いていく。

新婚期は，いよいよ夫と妻の双方が原家族（出生家族）から自己を分化させ，2人が協力して自分たちの生活構造と夫婦システムをつくることに力を注ぐ時期である。ところが，いざ新しい家庭をつくろうとした時に，2人がもち出すルールや問題解決の方法は，それぞれの原家族のやり方，言い換えれば各々が成長する中で身に付け，なじんできた生活の仕方であることが多い。大事なのは，これまでに自分が身に付けてきたルールに固執することなく，また一方だけが我慢・譲歩することもなく，互いが柔軟に調整し合うことを通じて，「自分たちの」ルールをつくり上げていくことである。

（3）乳幼児をもつ家族─子どもの誕生と子育て─

子どもの誕生に伴い，夫婦にはあらたに父母役割が加わり，家族は二者間お

表4-1 家族人生周期

発達段階	心理的な移行過程	発達に必須の家族システムの第2次変化
第1段階 親元を離れて独立して生活しているが，まだ結婚していない若い成人の時期	親子の分離を受容すること	a. 自己を出生家族から分化させること b. 親密な仲間関係の発達 c. 職業面での自己の確立
第2段階 結婚による両家族のジョイニング，新婚の夫婦の時期	新しいシステムへのコミットメント	a. 夫婦システムの形成 b. 拡大家族と友人との関係を再編成すること
第3段階 幼児を育てる時期	家族システムへの新しいメンバーの受容	a. 子どもを含めるように，夫婦システムを調整すること b. 親役割の取得 c. 父母の役割，祖父母の役割を含めて，拡大家族との関係の再編成
第4段階 青年期の子どもをもつ家族の時期	子どもの独立をすすめ，家族の境界を柔軟にすること	a. 青年が家族システムを出入りできるように，親子関係を変えること b. 中年の夫婦関係，職業上の達成に再び焦点を合わせること c. 老後への関心をもちはじめること
第5段階 子どもの出立と移行が起こる時期	家族システムからの出入りが増大するのを受容すること	a. 2者関係としての夫婦関係の再調整 b. 親子関係を成人どうしの関係に発達させること c. 配偶者の親・きょうだいや孫を含めての関係の再編成 d. 父母（祖父母）の老化や死に対応すること
第6段階 老年期の家族	世代的な役割の変化を受容すること	a. 自分および夫婦の機能を維持し，生理的な老化に直面し，新しい家族的社会的な役割を選択すること b. 中年世代がいっそう中心的な役割をとれるように支援すること c. 経験者としての知恵で若い世代を支援するが，過剰介入はしないこと d. 配偶者やきょうだい，友人の死に直面し，自分の死の準備をはじめること e. ライフ・レビューによる人生の統合

[亀口憲治（2014）家族心理学特論 三訂版，p.23，放送大学教育振興会］

よび三者間の複雑なサブシステムから構成されることになる。初めて親になるということは，従来のケアされる立場からケアする立場への転換である。具体

的にも，時間，空間，お金，エネルギー，対人関係など，個人のもつすべての資源の使い方がこれまでとは大きく変わり，子ども中心の生活となる。

　特に女性にとっての妊娠・出産・育児は，身体・生物的，心理的，社会的にも大きな変化を伴うため，しばらくの間，母親は子どもに全エネルギーを注ぐことが多い。「夫－妻」よりも，「母親－子」の結び付きが優先されやすい状態にあって，母親が父親の子育てに批判的であると，父親の関与は低下する。しかし，母親が父親の関与を促し激励する場合は，父親の関与も夫婦間の満足度も高い[10]。しつけや育て方に関する考え方など，夫婦が親として話し合う場面も増えるため，子どもの存在によって，それまで以上に「夫－妻」システムの調整が必要となるだろう。

　こうして子どものケアに自己を投入する度合いが高まると，子育ては，うまくいけば大きな喜びである反面，力を注いでも思うとおりに進まなければイライラにつながりやすい。子どもの病気や障害，泣き・ぐずり，対応困難な気質や行動などから，親が不安やストレスを抱えることもある。

　確かに子育て生活は，思うとおりにならない数々の不自由，制約や制限がある。しかし加藤と神谷は，その制約感は，親になったことによる柔軟さや寛大さなどの人格変化，さらには，広く子育てにまつわる他者との関係性にポジティブな影響を与えていることを示した[11]。さらに，母親が自分の人格発達変化を高く認識するほど，父親は自分の家族への愛情の高まりを認識し，また，父親が自身の人格発達を高く認識するほど，母親は家族への愛情に加えて，子育ての世代的つながりや一般的な子どもへの認識を含む関係性意識を高く認識していた[11]。つまり，父母は相互作用を通してともに成長しうるのである。

　若い夫婦が親になっていく過程は，個人としての養育力やスキルの増加だけではなく，2人でどのように力を合わせて子育ての危機を乗り越えていくか，また，どのように祖父母，子育てを通じた友人，地域や公共の子育て支援サービスのような家族外の力を借りていくかなど，親としての多様な発達の側面を併せ持っているといえるだろう。

（4）思春期・青年期の子どもをもつ家族―自立と依存のバランス―

　親がようやく子どもへの対応に慣れても，子どもはまもなく次の段階へと成

長し，それまでの対応では通用しなくなってしまう．親は子どもの成長に押されるように，常に新たな親子関係の課題への対応を模索しなければならない．思春期以降の子どもをもつ家族にとっての課題もまた，それまでの親子関係で通用していたはずのルールやパターンの再構成を迫られることである．

思春期の子どもは，親からの心理的自立を伴いながら，新たなアイデンティティの確立に取り組むようになる．しかし，これまでの親密な親子関係からの分離は，子どもにとっても親にとっても一種の喪失となる．したがって子どもは，分離を目指しつつも，不安があればまた親を求めるだろう．親もまた，子どもの不安定さを受けて，親自身のアイデンティティを揺り動かされる．

そうした思春期・青年期の子どもを支えるのは，仲間や友人，先輩など，家族以外の人間関係であることが多い．親は，それまでの「親－子」関係にとらわれることなく，子どもが勉学や進路を通じて社会と接し，自らの意思と力で踏み出せるように支えることが重要である．それは親にとっても，子育てに焦点化してきた視線を，「個」としての自分や「夫－妻」としての自分に向け直す時期となるかもしれない．こうした家族関係に対する相互の模索を通じて，親と子の境界は次第に明確になっていくだろう．

（5）子どもの自立期の家族

「いつかは」と予想された子どもの自立を現実として受け止め，子ども世代が新たな家族を構築するのを適切に支える時期である．成熟した親子の分離とは，「親子の絆を断つことなく，親と子が分離すること」[8]であり，親世代は，「親－子」関係とともに「夫－妻」関係を本格的に見直すことになる．

子どもの巣立ちにより，母親が喪失感や抑うつ感を抱くことを**空の巣症候群**という．子どもの自立を喜ぶ気持ちは多くの母親の共通した思いだろう．しかし個人差はあっても，それまでの子育てをいとおしむ気持ちやそこから離れるさびしさも混在し，アンビバレントな状態となるのである．こうした喪失感は，「夫－妻」関係やその他の人間関係，「個」としての生き方の見直しや再構築によって，通常は緩和される．しかし，親役割に没頭することで夫婦間の潜在的な問題に直面するのを回避するような子育てが行われてきた場合は，子どもの自立後に「夫－妻」関係の問題が表面化することがある．

一方，自立した子ども世代に子ども（孫）が生まれれば，親世代は祖父母となる。子どもの自立に加えて，高齢の実親の介護や死，自身の老いや職業生活からの引退など，喪失体験の多い時期に，祖父母役割を得ることの意味は大きい。久保らは，祖母になるということについて，「癒し体験，いきがい，命のつながり，浄化，重荷，家族の変化，夫婦関係の好転」という側面から示している[12]。祖父母による子育ては，祖父母自身にとっても親にとっても意義は大きいが，親世代と祖父母世代の育児観や方法のズレ，あるいは孫の世話によって祖父母が負う責任や負担への配慮も忘れてはならないだろう。

(6) 老年期の家族

老年者は，それまでもっていた能力，人間関係，生活空間，社会的役割が縮小するのを感じている。また，身近な人の死を経験し，自分の死についても考えるようになるだろう。エリクソン（Erikson, EH）は，人生周期の終わりに近付く老年者は，変えられない過去と，いまだ知ることのない未来とを受け入れ，うまくいかないことや絶望感も認め，全体的な統合の感覚との間でバランスをとろうと苦闘しながら生き続けている存在であると述べている[13]。

自らが育てた子ども世代は，今や中年期となって社会の中心的な役割を果たし，子育てに力を注ぐ時期となっているだろう。職業生活においてはもはや主力ではない老年者は，人生の経験と知恵によって若い世代への助言者となり，孫にかかわることで，孫世代と子ども世代の両方の世話に携わる。

若い世代からの世話を受ける立場となった老年者は，世話を受けることによって，若い人々の世代性を育てることに貢献する。さらには，自分が実際には目にすることはない，後の世代の未来，世界全体の存続など，**祖父母的世代性**と呼ばれる拡大された"世話"感覚を抱くかもしれない。このようなさまざまな世代との関係を通して，老年者は人生の統合を経験していくのである。

本章では，家族システムを構成するメンバーの相互作用やそのパターンをとらえること，家族と家族外のシステムの影響関係を考えること，家族ライフサイクル（人生周期）という時間の流れの中で，家族を構成する複数世代のかかわりの変化をたどることによって，家族というものを考えてきた。個々の家族

メンバーは，自身の発達課題に取り組みながらも，同時に他のメンバーの発達過程に影響を与えている。このように，家族成員間や多世代間のダイナミックな相互作用の総体として，家族発達の姿をとらえることが重要である。

■引用文献

1) 岡堂哲雄（1999）家族心理学入門 補訂版．培風館．
2) Feinberg, ME（2003）The internal structure and ecological context of coparenting: A framework for research and intervention. *Parenting*: *Science and Practice*, 3, 95-131.
3) Weissman, SH & Cohen, RS（1985）The parenting alliance and adolescence. *Adolescent Psychiatry*, 12, 24-45.
4) McBride, BA & Rane, TR（1998）Parenting alliance as a predictor of father involvement: An exploratory study. *Family Relations*, 47, 229-236.
5) 加藤道代（2007）子育て期の母親における「被援助性」とサポートシステムの変化（2）．東北大学大学院教育学研究科年報，55（2），243-270．
6) Bronfenbrenner, U（1977）Toward of experimental ecology of human development. *American Psychologist*, 32, 513-531.
7) ブロンフェンブレンナー，U（磯貝芳郎・福富譲訳）（1996）人間発達の生態学―発達心理学への挑戦―．川島書店．（Bronfenbrenner, U（1979）The ecology of human development : Experiments by nature and design. Mass : Harvard University Press）
8) 岡堂哲雄（1991）家族心理学講義．金子書房．
9) 亀口憲治（2014）家族心理学特論 三訂版．放送大学教育振興会．
10) 加藤道代・黒澤泰・神谷哲司（2014）夫婦ペアレンティング調整尺度作成と子育て時期による変化の横断的検討．心理学研究，84（6），566-575．
11) 加藤道代・神谷哲司（2016）夫婦ペアデータによる親としての発達意識の検討．東北大学大学院教育学研究科研究年報，64（2），55-67．
12) 久保恭子・刀根洋子・及川裕子（2008）わが国における祖母の育児支援．母性衛生，49（2），303-311．
13) エリクソン，EH，エリクソン，JM & キヴニック，HQ（朝長正徳・朝長梨枝子訳）（1997）老年期―生き生きしたかかわりあい―．みすず書房．

第5章
親としての養育スタイルの形成過程と世代間伝達

1．日本の子育て環境の悪化

（1）虐待やマルトリートメントの急増

　幼児期の保育・教育や地域の子ども・子育て支援を総合的に推進するための「子ども・子育て支援新制度」が，2015（平成27）年4月からスタートした。この制度は，「子どもの最善の利益」が実現される社会を目指すことをねらいに設計されたものだが，その背景の一つには**児童虐待**や**マルトリートメント**（不適切な養育）の深刻化がある。例えば，全国の児童相談所に寄せられる児童虐待相談対応件数は，1995（平成7）年度の2,722件から2016（平成28）年度の12万2,575件へと急増している。

　しかし，なぜこの20年ほどで，日本の子育て環境がここまで悪化したのであろうか。その理由として，近年，子どもの貧困の問題が指摘されている。図5-1[1)2)]は，児童虐待相談対応件数と併せて，全国の貧困児童生徒数（生活保護，準生活保護世帯の児童・生徒数）の年次推移を示しているが，2つの曲線ともほぼ同様の増加傾向を示していることがわかる。これは偶然の結果ではない。例えば，2003（平成15）年に実施された子ども家庭総合研究事業の調査によれば，3都道府県，17児童相談所で一時保護した約500ケースのうち，約45％が生活保護，準要保護世帯であり，有子世帯の約15％にあたるこれら低所得世帯に，児童虐待の発生が偏っていたのである[3)]。また，1995年に実施されたアメリカの調査によれば，貧困と分類される家庭において児童虐待が生じる確率は，所得が平均以上の家庭に比べて約25倍であった[4)]。

　このように1990年代以降，日本において児童虐待が増加している背景に，バ

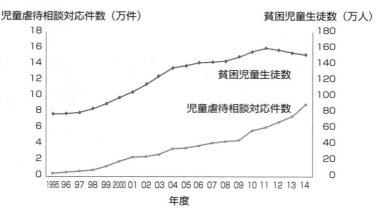

図5-1　子どもの貧困と児童虐待の年次推移

［厚生労働省（2018）平成29年度 児童相談所での児童虐待相談対応件数／横山純一（2018）「子どもの貧困」と就学援助制度の動向，自治総研］

ブル崩壊（1991（平成3）年から1993（平成5）年）やリーマンショック（2008（平成20）年）などによって生じた，長期的な経済的停滞があったことは否定できない。しかし一方で，児童虐待やマルトリートメントの発生を，経済的要因だけで説明できないことについても注意を要する。なぜなら，貧困家庭においては，一人親家庭，低学歴，10代出産，ドメスティック・バイオレンス（DV），精神疾患などの深刻な現代的課題が重複して生じているからである[5]。

そこで，保育や教育の場で遭遇することの多い虐待ケースから架空事例を構成し，多様な生態学的要因が，どのようにして虐待やマルトリートメントなどの**不適切な養育スタイル**を生じさせるかを検討する。

（2）不適切な養育スタイルとその背景要因

表5-1に，心理的虐待やネグレクトが疑われる架空事例を示す。また，その家庭のジェノグラムを，図5-2に示す。

まず，母親の生育歴をみると，母親自身，幼少の頃に実父によるDVを目撃し，さらに継父から身体的虐待を受けていた可能性がある。このこと自体，母親の不適切な養育スタイルに影響を与えている可能性がある。いわゆる**虐待**

1．日本の子育て環境の悪化　51

表5-1　不適切な養育スタイルが顕著な架空モデル

母親の生育歴	・祖父母は母親が5歳の時に離婚。原因は祖父のDVとされる。 ・祖母は母親が6歳の時に再婚し、弟（本児の叔父）が生まれる。その頃から、継父は母親へ"しつけ"と称して日常的に暴力を振るう。
母親の状況	・母親は本児を妊娠し18歳の時に結婚するも、本児が生まれて間もなく夫のDVにより離婚。 ・本児が1歳の時、仕事を得やすい都市部に転居。 ・母親は継父より虐待を受けたとして、現在は実家と絶縁状態。 ・母親は、本児を乳児の頃から育てにくかったと話す。 ・母親は、うつ状態が慢性化しており、その状態が悪化すると離職する。 ・日常生活に自家用車は不可欠との理由から、生活保護は受けない。 ・母親は、日常的に子どもに対して「死ね」「消えろ」などの暴言を吐く。 ・母親は、子どもの生活リズムへの配慮に乏しく、本児の登所が10時を過ぎることがある。 ・登所の時間まで、本児にタブレットで動画を繰り返し見せている。
子どもの発達特徴	・抱っこすると反り返って嫌がり、自分の思いが通らないと奇声を上げる（1歳頃）。 ・落ち着きなく動き回る（1歳6か月頃）。 ・待つことができず、すぐ手が出る（2歳頃）。 ・「死ね」「殺す」などの暴言を吐く（3歳頃）。 ・いったん怒りにスイッチが入ると、手出しができない状態となる（4歳頃）。 ・「おれはどうせ嫌われ者だ」と自己否定し、腕をかきむしる（5歳頃）。 ・初めて会うような大人にも、なれなれしく話しかけ、スキンシップを求める（5歳頃）。

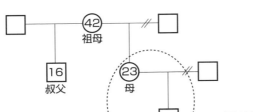

（□は男性、○は女性である。また、それぞれの中に書かれた数値は年齢を表している）

図5-2　虐待の世代間伝達のジェノグラム

の世代間伝達である。次に，母親の状況をみると，DVによる離婚を経験し家族からのサポートも乏しいこと，就労が安定せず公的援助も受けていないことを考えると，社会的に孤立し，経済的にも困難であると考えられる。また，母親が慢性的なうつ状態であったことを考えると，精神的に脆弱な状態の中で高いストレスにさらされていると考えられる。さらに，子どもの発達特徴をみると，乳児期より育てにくい特性を有しており，どのような親であってもその養育は困難であった可能性がある。

　以上の事例は架空のものであるが，実際のケースにおいても，虐待やマルトリートメントが生じる家庭の背景は非常に複雑である。日常の保育において，これらのケースに遭遇することはまれなことでないことから，その発生の状況や背景となる要因について，的確にアセスメントすることが重要である。

2．親としての養育スタイルの形成過程

（1）養育スタイルの形成モデル

　前節においては，不適切な養育スタイルとその背景要因について言及したが，一般的な養育スタイルはどのように形成されるのであろうか。以下，ベルスキー（Belsky, J）[6]の親としての養育スタイル形成の発達生態学的モデルに従って解説する。

　まず，ベルスキーは，親としての養育スタイルを，虐待やマルトリートメントなどの病的な養育スタイルから，一般的で健康な養育スタイルまで連続体として存在すると仮定する。この考えはとても重要である。なぜなら，虐待やマルトリートメントが生じる家庭を特殊なものととらえず，場合によってはどのような家庭においても，以下に述べる要因に変化が生じた場合，虐待やマルトリートメントが生ずる可能性を示唆するからである。

　次に，ベルスキーは，図5－3に示すように，生態学的視点から親としての養育スタイルの形成に大きくかかわる要因として，親の要因（親の生育歴，パーソナリティ・心的状態），子どもの要因（子どもの特性），そして社会的要因（夫婦関係，ソーシャルサポート，就労）をあげている。前節で紹介したような不適切な養育スタイルだけでなく，一般的な養育スタイルにおいても，多

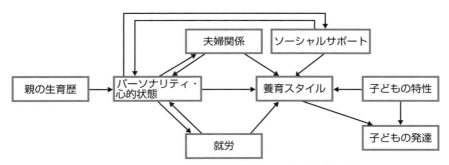

図5-3 養育スタイル形成に関する発達生態学モデル

[Belsky, J (1984) The determinants of parenting : a process model. *Child Development*, 55 (1) 一部改変]

様な要因のダイナミックな相互作用の中で，親の養育スタイルが形成されると仮定するのである。

(2) 親の要因

親の要因は，その生育歴とパーソナリティ・心的状態があげられるが，まず重要なのは生育歴である。生育歴は，親のパーソナリティや対人関係の技能に影響を与えるだけでなく，どのようなパートナーと結ばれるのか，どのような家庭生活を営むのか，どのようなソーシャルサポートを形成するのかなど，自分を取り巻く環境条件を整える上でも大きな役割を果たすからである[7]。

また，養育スタイルに影響を与えるのが親のパーソナリティと心的状態である。例えば，村井[8]は，母親のパーソナリティが養育スタイルに与える影響について，以下のような知見を得ている。すなわち，**神経症傾向**が高い母親は，「子どもに怒りっぽい」「子どもの世話にムラがある」「子どもの発達程度が気になる」などの傾向があり，**外向性傾向**が高い母親は，「子どもに腹を立てない」「新しい育児法を気軽に取り入れる」「子どもの世話を他人に任せられる」などの傾向があるといった知見である。また，足立[9]は，神経症傾向が高い母親は，ストレスとなる出来事に対してより過敏となり，養育そのものが不安定となること，また外向性傾向が高い母親は，対人関係に積極的であり，ソーシャルサポートを受ける機会も多いことから，子どもの発達にはプラスに

なると述べている。
　一方，親の心的状態が養育スタイルに与える影響については，うつに関する研究が数多くなされている。これは，育児期は，いらだち，自信の喪失，罪悪感，集中力の低下などのうつ状態となる母親，父親が多いからである[10]。例えば，ポールソン（Paulson, JF）ら[11]は，母親の約15％，父親の約10％がうつ状態になると述べている。このようなうつ状態は，親にとって苦痛なだけでなく，養育における保護機能（栄養摂取，排泄，睡眠，衣類の着脱，入浴や清潔さの維持など子どもの健康と生存を保障する機能），教育機能（子どもが社会的な存在となるための社会的規範，継承された生活文化，生活習慣などを習得させる機能）や愛情・情緒安定機能（子どもが安心で安全な環境を享受し，心の安定を育む機能）の低下をもたらし[12]，長期化する場合は，子どもの発達にも影響することが知られている[13]。

（3）子どもの要因

　子どもの要因として，親の養育スタイルに影響を与えるのが子どもの特性である。特に，環境への反応特性として一貫している気質は，養育スタイルへの影響が大きいことが知られている[14]。例えば，難しい気質（活動水準が高く，生理的リズム性が乏しく，環境に慣れにくいなど）の乳児の母親は，乳児への働きかけが少なく，その泣きに対しても反応することが少ないことが知られている[15]。また，難しい気質の幼児の母親は，子どもを否定的にみなしがちで，育児負担感も強いことが知られている[8]。育児相談の場面では，自分の養育スタイルに問題があるため，子どもがじっと座っていることができない，あるいは，子どもが引っ込み思案で仲間に入ることができないなどと訴える親が多い。しかし，実際はその逆であり，それらの子どもの行動特徴が，母親の養育スタイルに影響を及ぼしていることの方が多い。
　また，子どもの特性として，子どもの性別も親の養育スタイルに影響を与えることが知られている。例えば，子どもの行動への親の反応として，男児が活発で大きな動作をした時は積極的に応じ，女児がそのような行動をした時は消極的に応じるなど，子どもの性別に関連した親の行動が観察される[16]。さらに，子どもの月齢や年齢による行動特性の違いが，親の養育スタイルに影響を

与える場合がある。例えば、2歳前後の第一反抗期の幼児の行動が、親の養育スタイルに影響を与えることはよく知られており、「子どもの成長に合わせた育児法がわからない」「子どもの発達が正常か心配」など、自分の養育スタイルに自信を喪失し、子どもの発達に不安を抱く親が多い[17]。本来、子どもの成長・発達に伴い、自分の養育スタイルを柔軟に変化させていく必要があるが、そのような変化に影響を与えるのが次項に述べる社会的要因である。

(4) 社会的要因

社会的要因として、親の養育スタイルやそのパーソナリティ・心的状態に影響を与えるのが夫婦関係、ソーシャルサポート、就労などの要因である。

社会的要因として、親の養育スタイルやそのパーソナリティ・心的状態に最も影響を与えるのは夫婦関係である。これは、夫婦にとってそのパートナーが、最も身近なサポート資源であり、夫婦のあり方が、安定した子育て環境の背景となる家族機能（表5-2）[18]の良否を決定するからである。例えば、フィールド（Field, T）[19]は、妊娠後期に夫婦関係に悩んでいた母親は、出産後の3～5か月において不安が高くうつ状態も続き、乳児とのかかわりに消極

表5-2 家族機能

---
①問題解決：家族の統合性や機能を脅かす問題を解決する家族の能力
②コミュニケーション：家族のメンバー間の情報交換。言語的なメッセージはその内容が明瞭であり、率直に伝わること
③役割：家族が子育てや家事などを担当するような定着した行動パターンをもつこと。これらの課題は、公平に分担され、責任をもって実行されること
④感情的反応性：家族のメンバーが適切な感情の表出を経験できること
⑤感情的関与：家族のメンバーが他のメンバーの活動や関心事に興味をもつこと（ただし、健康な家族は互いの関与が中庸である）
⑥行動の統制：家族のメンバーの行動に対して一定の基準を設け維持すること
⑦一般的機能：家族としての総合的な健康状態（例えば、危機の時には互いに支え合うこと、ありのままに受け入れられることなど）

[Epstein, N, Baldwin, L & Bishop, D (1983) The McMaster Family Assessment Device. *Journal of Marital and Family Therapy*, 9]

的な傾向があることを示している。つまり、夫婦関係が母親の心的状態に影響し、それが消極的な養育スタイルとなって現れていたのである。

　次に、親の養育スタイルやそのパーソナリティ・心的状態に影響を与えるのがソーシャルサポートである。ソーシャルサポートとしては、親の親族（祖父母や親のきょうだい）、親の友人、子育てにかかわる専門機関（保育所、幼稚園、子育て支援センター等）などがある。足立[9]は、それぞれのサポート資源の特徴を以下のように述べている。すなわち、祖父母などの親族の特徴は、子どもを預けたり、経済的サポートを得たりなど、より直接的なサポートを得られること、友人などの特徴は、わかり合える仲間としての情報交換や情緒的交流、育児者としてのモデルとなることなど、同じ立場だから可能なサポートを得られること、子育ての専門機関の特徴は、親のニーズに即した専門的情報や学びを得られることにある。ソーシャルサポートも、直接的にも間接的にも、親の養育スタイルに影響を与える。

　最後に、親の就労も親の養育スタイルやそのパーソナリティ・心的状態に影響を与える。ベルスキーのモデル（図5-3）における就労は、本来、経済的要因を意味する。第1節で述べたように、経済的要因が親の養育スタイルやそのパーソナリティ・心的状態に与える影響は大きい。臨床の場においても、親の就労が安定することで、家庭が安定することはよく経験することである。ただし、日本の社会的状況においては、就労が親にとってのストレスとなることもある。すなわち、仕事と育児の両立の問題である。特に、育児期においては、この両立に悩む母親は多い[17]。

3. 愛着の世代間伝達

　前節で紹介したベルスキーのモデルは、親の生育歴やパーソナリティ・心的状態などの要因が、養育スタイルを介して、子どもの発達に影響を及ぼすことを説明するものだが、視点を変えると、親のもっている特性が子どもの発達に反映されること、すなわち、世代間伝達が行われることを示すモデルでもある。例えば、第1節でも、虐待やマルトリートメントの世代間伝達について触れたが、表5-1に示した架空事例も、ベルスキーのモデルに従えば、幼少期

に虐待を受けた母親が，なぜ子どもに虐待を行ったかを理解することができるであろう。

さて，子育ての世代間伝達として，虐待と同様に多くの研究が行われてきたのが**愛着の世代間伝達**である。この領域に多くの関心が集まった理由の一つには，次のような愛着の理論家による世代間伝達の仮説がある[20)21)22)]。すなわち，安定した愛着を形成した子どもは，「自分は愛されるに足る存在である」「自分は養護され支えられるに足る存在である」との**内的ワーキングモデル**を獲得する。一方，不安定な愛着しか形成できなかった子どもは，その逆の否定的な内的ワーキングモデルを獲得する。これらの内的ワーキングモデルは，子ども時代だけではなく成人しても機能し，自らが親となった時にその子どもとの愛着関係に影響を与えると予測したのである[7)]。

この仮説を検証するために多くの研究が行われたが，それらの研究はおおむねこの仮説を支持するものであった。例えば，多くの研究のメタ分析を行ったファン・アイゼンドールン（van IJzendoorn, MH）[23)]は，母子間の安定型対不安定型の2分類比較では74％，3分類比較では70％，4分類比較では63％が一致することを明らかにしている。なお，子どもの愛着の分類は，**ストレンジ・シチュエーション法**（strange situation procedure：SSP）[24)]によって行われるが，養育者の愛着の分類は，**成人愛着面接**（adult attachment interview：AAI）[25)]によって行われる。SSPについては，『保育の心理学』で学んでいると思われるから省略するが，AAIは以下のような手続きで養育者の愛着を分類する。すなわち，AAIでは対象となる養育者に対して，子どもの時の両親との関係，その関係をよく表す5つの言葉，けがや病気，別離などのエピソード，両親が自分に与えた影響，成人になってからの関係の変化などを尋ね，その面接データから，愛着軽視型（dismissing），安定自立型（autonomous），とらわれ型（preoccupied），未解決型（unresolved）に分類する[26)]。また，それぞれの愛着のタイプが世代間伝達するメカニズムについては，表5－3[27)]のように説明されている。

この世代間伝達のメカニズムを，図5－3のモデルに当てはめると，養育者が幼少期に形成した愛着の質（生育歴）が，内的ワーキングモデル（心的状態）を介してそれぞれの養育スタイルとなり，その結果，子どもの愛着行動を

表5-3 愛着の世代間伝達のメカニズム

愛着軽視型 (dismissing)	養育者は，自分の愛着にまつわる不快な記憶を活性化させるような乳幼児のネガティブな愛着信号を避けるために，子どもの愛着行動には選択的にしか反応しない。一方，乳幼児も最低限の近接関係を維持するために，愛着信号を最小化しようとする。この反復により，回避的行動パターンが固定化し，回避的な内的ワーキングモデルが形成される。
安定自立型 (autonomous)	養育者は，自分の愛着の記憶に容易にアクセスすることができることから，乳幼児の愛着信号を幅広く受容でき，結果的に養育者の行動は，乳幼児にとって高い予測可能性を備えたものとなる。その結果は，乳幼児は養育者の情緒的利用可能性に確信をもち，安定した愛着行動を発達させ，安定した内的ワーキングモデルを形成する。
とらわれ型 (preoccupied)	養育者は，自分の愛着に関する一貫した内的ワーキングモデルを有していない。そのため，乳幼児の愛着信号には一貫性のない反応をし，乳幼児にとって予測可能性の低い状況をもたらす。乳幼児は，そのような状況に対して近接関係を維持するために，注意深くアタッチメント信号を最大化するように振る舞う。その結果，アンビバレントな愛着行動を発達させ，養育者の存在にとらわれている内的ワーキングモデルを形成する。
未解決型 (unresolved)	養育者は，外傷的な記憶が活性化され，突然の行動の乱れやパニック，乳幼児に対する虐待を起こすことがある。本来，養育者の存在は乳幼児にとって緊急事態の安全基地であるが，その安全基地こそが危機を与えるという二重拘束的状況が生まれ，乳幼児は近接と回避の本質的葛藤にさらされる。その結果，未組織・無方向性が高い内的ワーキングモデルが形成される。

［数井みゆき（2005）母子関係を越えた親子・家族関係研究．遠藤利彦編：発達心理学の新しいかたち，誠信書房］

発達させると解釈される。しかし，最近の研究によれば，愛着の世代間伝達には，養育者の夫婦関係や家族機能も重要な役割を果たしていることが明らかにされており[28)29)]，前節で述べた媒介変数としての夫婦関係の要因の重要性を改めて示すものである。

以上のように，愛着の世代間伝達に関する研究は，親がもつ心理・行動的特性が子どもに伝達されることを証明するものだが，その伝達のメカニズムは単純なものではない。したがって，「安定した愛着をもつ親の子どもは安定した

愛着をもつ」，あるいは「虐待されて育った親は子どもに虐待をする」といった短絡的な主張には注意すべきであり，常にそこには生物学的要因も含め，多様な要因の多様なレベルでの相互作用があることを忘れてはならない。

　本章では，親としての養育スタイルの形成過程について解説を行ったが，それは，親としての発達の過程を説明するものであった。しかしそれは，主に育児期の知見を用いて解説したことから，この章で取り上げた親としての発達は，乳幼児期に限定すべきかもしれない。その理解を学童期以降の親の発達に一般化するには，さらに学童期における子どもの社会的世界の拡大，思春期における親への反抗，青年期における子どもの自立と親の夫婦関係の変容などにも言及していく必要がある[7]。保育現場では，主に育児期の親に対応することになるが，生涯発達心理学の視点からも親理解を図ることが重要である。

■引用文献

1) 厚生労働省（2018）平成29年度　児童相談所での児童虐待相談対応件数〈速報値〉．(https://www.mhlw.go.jp/content/11901000/000348313.pdf, 2018年10月20日)
2) 横山純一（2018）「子どもの貧困」と就学援助制度の動向．自治総研, **473**, 1-35.
3) 竹沢純子（2010）児童虐待の現状と子どものいる世帯を取り巻く社会経済的状況．社会保障研究, **45**（4），346-360.
4) 山野良一（2008）子どもの最貧国・日本，光文社．
5) 道中隆（2016）第2版　貧困の世代間継承，晃洋書房．
6) Belsky, J（1984）The determinants of parenting: a process model. *Child Development*, **55**（1），83-96.
7) 小嶋秀夫（1991）親となる過程の理解．我妻堯・前原澄子編：助産学講座3　母性の心理・社会学，pp.80-113，医学書院．
8) 村井則子（2002）母親の心理学——母親の個性・感情・態度，東北大学出版会．
9) 足立智昭（1999）障害をもつ乳幼児の母親の心理的適応とその援助に関する研究，風間書房．
10) O'Hara, MW & Swain, AM（1996）Rates and risk of postpartum

depression-A meta-analysis. *International Review of Psychiatry*, 8, 37-54.
11) Paulson, JF, Dauber, S & Leiferman, JA (2006) Individual and combined effects of postpartum depression in mothers and fathers on parenting behavior. *Pediatrics*, 118, 659-668.
12) 都留民子 (1991) 家族―その役割と子育て．我妻堯・前原澄子編：助産学講座3 母性の心理・社会学, pp.144-182, 医学書院.
13) Lovejoy, MC, Graczyk, PA, O'Hare, E & Neuman, G (2000) Maternal depression and parenting behavior: A meta-analytic review. *Clinical Psychology Review*, 20, 561-592.
14) Bates, JE (1980) The concept of difficult temperament. *Merrill-Palmer Quarterly*, 26 (4), 299-319.
15) Campbell, S (1979) Mother-Infant Interaction as a Function of Maternal Ratings of Temperament. *Child Psychiatry and Human Development*, 10, 67-76.
16) 古澤頼雄 (1991) 乳幼児の対人世界の発達．我妻堯・前原澄子編：助産学講座3 母性の心理・社会学, pp.32-79, 医学書院.
17) 松岡知子 (2016) 第一反抗期が出現する子どもを養育する初産婦の育児ストレスの特徴と要因．国際医療福祉大学大学院審査学位論文（博士）．
18) Epstein, N, Baldwin, L & Bishop, D (1983) The McMaster Family Assessment Device. *Journal of Marital and Family Therapy*, 9, 171-180.
19) Field, T (1985) Pregnancy problems, postpartum depression, and early mother-infant interactions. *Developmental Psychology*, 21, 1152-1156.
20) Bowlby, J (1977) The making and breaking of affectional bonds. *British Journal of Psychiatry*, 130, 201-210.
21) Bretherton, I (1985) Attachment theory: Retrospect and prospect. *Monographs of the society for research in child development*, 50, Nos.1-2 (Serial No.209), 3-35.
22) Crittenden, PM (1990) Internal representational models of attachment relationships. *Infant Mental Health Journal*, 11, 259-277.
23) van IJzendoorn, MH (1995) Adult attachment representations, parental responsiveness, and infant attachment: a meta-analysis on the predictive validity of the Adult Attachment Interview. *Psychological Bulletin*, 117, 387-403.
24) Ainsworth, MDS, Blehar, MC, Waters, E & Wall, S (1978) Patterns of

attachment: A psychological study of the strange situation. Hillsdale, NJ: Lawrence Erlbaum Associates.
25) George, C, Kaplan, N & Main, M (1985) Adult Attachment Interview. Unpublished manuscript, University of California at Berkeley.
26) Main, M, Goldwyn, R & Hesse, E (2002) Adult attachment scoring and classification system. Unpublished Manuscript, University of California at Berkeley.
27) 数井みゆき (2005) 母子関係を越えた親子・家族関係研究. 遠藤利彦編：発達心理学の新しいかたち, pp.189-214, 誠信書房.
28) Dickstein, S, Seifer, R & Albus, K (2009) Maternal adult attachment representations across relationship domains and infant outcomes: the importance of family and couple functioning. *Attachment & Human Development*, 11, 5-27.
29) Paley, B, Cox, MJ, Kanoy, KW, Harter, KSM & Burchinal, MR (2005) Adult attachment and marital interaction as predictors of whole family interactions during the transition to parenthood. *Journal of Family Psychology*, 19, 420-429.

第6章 子育て環境の社会状況的変化

1. 世帯人数からみた戦後日本の家族の変遷

(1) 世帯人数から3つの時期に分けてみる

　本章では，戦後日本社会の変動をふまえ，家族や子育て環境がどのように変化してきたのかを概観する。そこでまず，戦後日本の家族の変遷を大まかなイメージでつかむために，1世帯当たりの同居人数に着目してみたい（図6-1）。世帯という概念は，「住居及び生計を共にする者の集まり又は独立して住居を維持し，もしくは独立して生計を営む単身者をいう」と定義されるものであり，簡単にいえば，「食事などの生活を共にし一緒に暮らしている人たちの集まり（一人暮らし含む）」ともいえよう。つまり，同居人数に着目したものであり，「家族・家庭」に類似した概念である。

　それぞれの時期に何人の世帯が最も多いかについてみてみると，1965（昭和40）年前後，ならびに1992（平成4）年に第1位が入れ替わっており，3つの時期に区分できるようである。最初の時期（第1期）は，6人以上の世帯が一番多い時期であり，戦後の復興期から高度経済成長の前半までの時期である。1965年以降，4人世帯が最も多くなっている。この時期は，高度経済成長の後半から低成長期，そしてバブル経済の終焉に至る時期であり，ここを第2期とする。1992年を境に第3期へと移行し，4人世帯よりも1人世帯，2人世帯の方が多くなり，2人世帯の増加は現在まで続いている。

　以下，これら3つの時期を手がかりに，社会状況とともに家族がどのように変化してきたかをみてみよう。

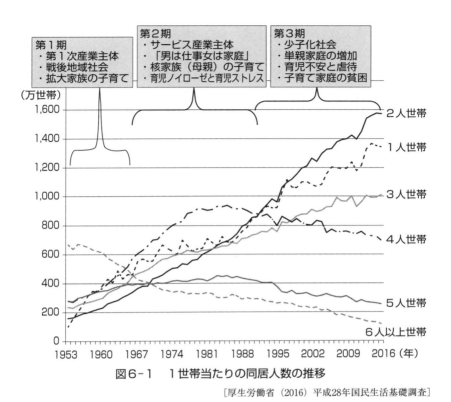

図6-1　1世帯当たりの同居人数の推移

[厚生労働省（2016）平成28年国民生活基礎調査]

2．第1期：大家族と地域社会における子育ての時代

　第1期は，焦土と化した太平洋戦争後の復興から高度経済成長期の前半にかけての時期であり，この時期はまだ第1次産業（農林漁業）が主体であった。1950（昭和25）年には「農林漁業」は48.5％を占めていたが，その後，高度経済成長を通じてその割合を大きく低下させ，1970（昭和45）年には19.3％となっている。一方で，サービス業主体の第3次産業は，1950年には20.3％であったが，1970年には46.6％，2010（平成22）年には70.6％となっている[1]。第1次産業，特に農業は，「結」や「手間借り」といった，田植えや稲刈りなどの農繁期の地域相互扶助のシステムを有しており，地域コミュニティが十全

に機能していた点が特徴である。そうした地域社会の中で，子どもたちも，自分たちで共同体を組織し，年齢や性別の混在した多人数の集団で活動的な遊びをしていた[2]。戦後すぐには，第1次ベビーブームもあり，1947（昭和22）年の合計特殊出生率は4.54と，きょうだいの数も多かった。そのぶん，子ども集団も形成しやすかったといえよう。

根ヶ山[3]は，さまざまな動物種で観察される，母親以外の個体による子育てである**アロマザリング**が人間にもみられることを指摘し，沖縄の多良間島で母系・父系という血縁を超えた育児ネットワークの中で行われる「守姉（もりあね）」を紹介している。こうした風習はまさに，地域のネットワークの中で，子どもたちが育っていたことの証しであり，この第1期では，そうした地域社会，拡大家族の中での複数養育が，日本のあちこちでみられたものと考えられる。

3. 第2期：高度経済成長における産業構造の変化

（1）都市部への人口集中と核家族における母親の子育て

高度経済成長は，都市部への人口の集中，特に，若年労働者の都市部への移動をもたらした。俗に「金の卵」と呼ばれた中学校を卒業したばかりの若者が，東北や九州，沖縄といった地方から，働き手を求めていた東京・大阪・名古屋といった大都市圏に列車に乗って繰り出していた。この「集団就職」によって，高度経済成長が支えられたのである[4]。

都会に出てきた若者たちは，そこで異性と出会い，結婚して家庭をもつようになった。結婚のきっかけについての推移をみてみると，戦前の1935（昭和10）年には見合い結婚69.0％，恋愛結婚13.4％と，見合い結婚が主流であったが，その後減少の一途をたどり，1960年代後半に恋愛結婚との比率が逆転している[5]。これは，都会に出てきた若者たちが，「イエ」制度から離れて，自由意思による恋愛を志向し始めたこと，そしてその背景に，ロマンティック・ラヴ・イデオロギー（男女の親密性が結婚の前提であり，恋愛感情は結婚願望に結び付くという考え方）が普及してきたことが反映されているという[6]。

一方，第1次産業から第3次産業への産業形態の変容は，「仕事（生産）」の場である職場と，「生活（消費）」の場である家庭とを切り離し，職住分離をも

たらした。そのため，仕事に出かける父親と家庭で家事・育児を担う母親という性別役割分業が定着したのである。こうした性別役割分業は，日本では大正期に「新中間層」と呼ばれる，比較的裕福で，夫だけの収入で生活可能なサラリーマン世帯として出現していたが，それが一般化したのは，この高度経済成長期であった[7]。この頃，医療の進歩により乳幼児の死亡率が低下したことなどから，子育ては，「少なく産んでよりよく育てる」ように変化してきた[8]。地方から出てきた女性たちは，都市部で身近に頼る親族もおらず，夫も仕事第一の中，子育てを自分1人で担わなくてはならない状況に陥ったのである。

（2）母性神話の浸透と女性の社会進出

1960年代には，乳幼児にとって養育者の愛情が必要不可欠とするいわゆる**ボウルビィ学説（愛着理論）**が日本政府によっても活用され，子育ては母親のものであり，女性は家庭で子育てをすべきであるとする論調が広がった。1968（昭和43）年には母子保健政策の一環として，「母よ家庭に帰れ」というスローガンのもと，3歳未満児の保育所入所制限が行われるなど，国策としても「働く父親，育てる母親」を前面に押し出していた。結果として，1975（昭和50）年には既婚女性の労働力率が戦後最低の45％にまで落ち込むなど，1970年代には家庭育児＝専業母親が基準となっていったのである[8]。

それでは，子育ての担い手としての役割を一手に引き受けることとなった母親たちはみな，幸せであったのだろうか。当時の母親たちの状況についてみてみると，子育て中の母親の蒸発が1967（昭和42）年頃から急増し，1973（昭和48）年頃にピークを迎えていることや，母子心中も1970年頃より急増し，また，その特徴は戦前の生活苦による一家心中ではなく，育児ノイローゼによる母子心中が多く，その背景には「子育てはすべて母親の責任」とする意識が根付いていたとされる[9]。すなわち，当時子育てを一手に引き受けることになった母親は，すでに悲鳴を上げていたのである。そのため，その下の世代は，「専業母」を選択することなく，1980年代には女性の社会進出が進行することとなった。

1970年代後半から1980年代にかけて，既婚女性の労働力率は再度上昇し，兼業主婦は徐々に増加していった。しかし，「3歳までは母の手で」とする**3歳**

児神話は根強く,この時期でも,低年齢児の子育てをする母親の多くが「専業主婦」であった。天野[10]は,この時代の母親の特徴を,育児ネットワーキングの模索と等身大の育児論の2つとしてまとめている。育児書など,子育ての指針を与えるものはそれまで,男性の小児科医などの専門家による啓蒙・教育といったものが主流であったが,この頃より,実際に子育てを担っている母親たちが,自らの体験をふまえつつ声を上げるようになり,同時に,情報発信にとどまらず,育児ネットワークづくりにも展開していったのである。

(3) 戦後の「核家族化」の正体

ところで,高度経済成長期において,「核家族化が進行した」ことはよくいわれることである。それは**核家族**が戦後増加したということなのだろうか。

内閣府によると[11],核家族世帯は1920（大正9）年でも54.0％と,全世帯の半数を超えており,高度経済成長期の1965（昭和40）年で62.6％,2000（平成12）年で58.4％であり,劇的に増加しているというわけではない。一方,夫婦と子どもに加えて夫婦の親なども同居する拡大家族は,1920年で約31％,その他の親族・非親族との同居を含めても全体の4割程度しかなく,大正期からずっと核家族が主流であったことがわかる。このことについては,子どもが5人,6人といても,親と同居するのは,多くが長男など1人のみであり,次男,三男は,実家の近所で核家族を形成していたこと,また,平均寿命も長くはなく,親との同居期間も短かったことが理由と考えられている。

また,これらの統計における「核家族」には,母子家庭,父子家庭や夫婦のみの世帯も含まれており,同居している子どもの年齢についても考慮されていない点などの問題点もある。そこで,18歳未満の子どもがいる家族だけに着目してみると,戦後,核家族は高度経済成長期に「微増」しているだけであり,顕著なのは3世代家族（拡大家族）の減少だけであることがわかっている[12]。

ではなぜ,実際にはそれほど顕著に増えたわけでもないのに,戦後,「核家族化が進行した」と,これほどまでにいわれているのだろう。戦後の「核家族化」がどのように問題視されていったかについては,広井と小玉[12]に詳しいが,ここでは,「核家族」に込められた,「4人世帯」「ニューファミリー」「都市部在住」という3つの意味を指摘したい。

図6-1でみたように、第2期においては4人世帯が増加している。実は、「核家族」と聞いて私たちがイメージするのは、この、父親・母親・子ども2人から構成される4人世帯であることが多い。そのため、4人世帯が増加したという事実が、核家族化の進行というイメージを形成しているのではないだろうか。また、この戦後の新たな家族像を示す用語して「ニューファミリー」が広告戦略上、用いられていたこともある。戦前の「イエ」制度的な拡大家族ではなく、夫婦の友愛やマイホーム志向、ファッションに敏感であるといった、新たな消費動向をもつ家族像（多くは4人家族）が、新聞や雑誌、あるいはテレビなどの広告を通して提示されていたのである。そして、この時期の核家族が大正期の核家族と大きく異なっていたのは、彼らが出生家族（実家）と離れた都市部に居住していたことである。高度経済成長期における育児ノイローゼなどの母親の「閉塞感」は、まさに、都市部で周囲に親族や友人などの親密な他者のいない中で醸成されていたものであった。

すなわち、「戦後の核家族化」とは、核家族が増加したということよりも、高度経済成長期に都市部へ人口が集中するとともに、4人世帯が増え、「ニューファミリー」という新しく、民主的で、友愛的な（かつ、養育役割を母親だけが担う）家族像が成立したことを意味するものと考えられる。

4. 第3期：家族の矮小化・最小化の時代へ

（1）家族規模の矮小化・最小化と児童虐待

「女性の時代」ともいわれる1980年代を通して、少子化は進行し、1989（平成元）年の合計特殊出生率は、戦後最低の1.57を示した。いわゆる**1.57ショック**である。これ以降、少子高齢化が社会問題として認識され、少子化対策として、エンゼルプラン以降さまざまな施策が打ち出されることとなった。一方、1990年代冒頭にバブル経済がはじけ、平成不況へと突入する。

この第3期は、最も多い2人世帯に次いで1人世帯が多く、家族の規模がきわめて小さいことが特徴である。これを家族の「矮小化」、あるいは「最小化」ということができよう。さらに、この第3期において、子育て家族の形態がどのように推移しているかに着目すると、やはり、拡大家族が減少し、核家

族とともに，一人親と子どもからなる世帯が増加していることが見て取れる（1997（平成9）年の4.8％から，2017（平成29）年の7.5％へ）。このことは，第3期に限定してみても，家庭内で子どもとかかわる大人が，どんどんと減ってきていることを示すものである（図6-2）。

一方で，この時期は少子高齢化のみならず，**児童虐待**が社会問題化してきた時期であるともいえる。虐待に関する児童相談所への相談件数は，1990（平成2）年の1,101件から，2016（平成28）年の12万2,575件へと100倍以上になっている。

虐待に関する相談件数の増加については，高度経済成長以降，生活水準が上がり，電化製品の普及などによって家事労働が軽減したことで，子育てに注力する余裕が生まれ，同時に子どもの人権擁護の意識が高まってきたことがその背景にあるとも指摘されている[13]。また，児童相談所の現場からは以前からそれほど変わらないという声も聞かれており[14]，単純に実数が増加したとだけ考えるわけにはいかない点に留意が必要である。

同時に，本章でみてきたような，社会と家族の変遷をふまえてみると，虐待という問題を親や家族の病理としてとらえるのではなく，社会の病理でもあるととらえるべきであろう。

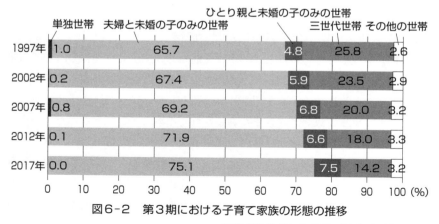

図6-2　第3期における子育て家族の形態の推移

［厚生労働省（2016）平成28年国民生活基礎調査］

（２）児童虐待の温床を考える

　戦後すぐの日本社会（第１期）では「折檻(せっかん)」や「体罰」といった子どもに対する身体的な攻撃がなされていたことはよく指摘されるところであり，それらが今日では，「身体的虐待」に相当することもまた，異論はないであろう。しかし，「叩く」行為が同じだとしても，それを受けた子どもたちが，第１期でみたように，拡大家族で「叩く大人」以外の大人と交流をもっているか，それとも，第３期における母子・父子家庭のように，親子２人で完全に閉じられた状態にあるかによって，子どもにとっての「叩かれた」意味も異なってくるのではないだろうか。

　例えば，何らかの理由で母親に叩かれた子どもに対して，その子どもの不安を受け止めつつ，母親の行為を意味付けし直すようなかかわりをもつ別の大人が存在するか，あるいは，そうした大人がいないまま，叩かれるだけで終わってしまうかの違いは大きいのではないだろうか。また，大家族であれば，子どもに対する虐待的な不適切なかかわりが，自分以外の大人・他者がいることで抑制されることも十分考えうる。すなわち，虐待の温床となっているのは，親の養育力という個体の問題ではなく，子育てが少数の養育者による家族の中だけで，閉じたまま行われているという実態にあるとも考えることができるのである。

（３）父親の再発見と働き方改革

　一方で，第３期は「父親の再発見」の時期でもある。1990年代初頭に育児休業法（1995（平成７）年に改正され，いわゆる「育児・介護休業法」となった）が施行され，1999（平成11）年には，厚生省（当時）が「育児をしない男を父とは呼ばない」とのキャッチコピーを使用し，論議を醸(かも)した。さらに，2010（平成22）年には，厚生労働省による「イクメンプロジェクト」もスタートし，「育児する父親」は一般化してきたように思われている。

　しかし，1998（平成10）年以降，父親の育児参加が劇的に増加したというデータは見当たらず，子どもの年齢や人数によってさまざまである[15]。また，国際比較によると，男性の家事・育児時間は諸外国が軒並み３時間以上（日本以外で最も少ないフランスでも２時間30分）であるのに比べて，日本では１時

間23分と、極端に短いことが知られている[16]。近年、働き方改革の取り組みをはじめ、男女ともに**ワーク・ライフ・バランス**（第7章参照）が耳目を集めているが、今後、どのように展開されるかが注目されるであろう。

5．まとめ：現代日本社会における子育て家族の諸課題と支援の意味

本章では、戦後日本の子育て家族の変遷について、家族の世帯人数を切り口として3つの時期に分けて概観してきた。簡潔にまとめれば、第1期は、地域社会、拡大家族の中での複数養育の時期、第2期は、母親に養育役割が集中したことで、母親の育児ストレスや不安の問題が生じ、さらに少子・晩婚化が進行した時期、そして第3期は、家族の矮小化・最小化が進行する中で、ますます母親の**ワンオペ育児**が問題視される中、虐待の問題や父親の育児参加が取りざたされるようになった時期であるといえよう。

こうした歴史的な経緯をふまえて、改めて子どもの育ちの場としての家庭・地域社会のあり方を見直してみると、「母親だけの子育て」の限界と、子どもが、多様な大人とのかかわりの中で育つことの重要性が指摘できるのではないだろうか。

同時に、戦後の「核家族化」と同様、家族の問題として指摘される「家庭の養育力の低下」も、考え直してみる必要がありそうである。もとより、子どもたちの育つ環境が、家族を中心とした地域コミュニティにあるのであれば、家庭の養育力のみを問題視するのは十分ではないだろう。しかし、産業構造の変化による社会変動によって、現代日本における地域社会は大きく変容している。それを取り戻そうとすることは簡単なことではないだろうが、保育所・幼稚園等の保育施設、あるいは学校・放課後児童クラブといった子どもの生活環境の場を中心に、保護者家庭との連携を強めていく中で、新たな子育て環境を構築することは可能ではないだろうか。子育て家庭支援の目標は、そうした子どもの育つ場の構築にあると考えられる。

■引用文献

1）厚生労働省（2013）平成25年版 労働経済の分析．（https://www.mhlw.go.jp/wp/hakusyo/roudou/13/13-1.html）
2）住田正樹（1989）子どもの遊び文化の変容に関する一考察．九州大学教育学部紀要教育学部門，35，31-62．
3）根ヶ山光一（2015）ヒトの親子の特質と日本の子育て．平木典子・柏木惠子編：日本の親子，pp.2-20，金子書房．
4）澤宮優（2017）集団就職―高度経済成長を支えた金の卵たち，弦書房．
5）国立社会保障・人口問題研究所（2017）第15回出生動向基本調査（独身者調査ならびに夫婦調査）報告書．（http://www.ipss.go.jp/ps-doukou/j/doukou15/doukou15_gaiyo.asp）
6）山田昌弘（2000）結婚の現在的意味．善積京子編：結婚とパートナー関係，pp.56-80，ミネルヴァ書房．
7）松田智子（2000）性別役割分業からみた夫婦関係．善積京子編：結婚とパートナー関係，pp.125-146，ミネルヴァ書房．
8）宮坂靖子（2000）親イメージの変遷と親子関係のゆくえ．藤崎宏子編：親と子―交錯するライフコース，pp.19-41，ミネルヴァ書房．
9）木村栄（1995）閉ざされた母性．井上輝子・上野千鶴子・江原由美子編：日本のフェミニズム 5 母性，pp.191-214，岩波書店．（木村栄（1980）母性をひらく，汐文社の抄録）
10）天野正子（1994）新たな子育て文化の創造へ―母親像の変貌のなかで．岡本夏木・高橋惠子・藤永保編：幼児教育の現在と未来，pp.31-68，岩波書店．
11）内閣府（2006）平成18年版少子化社会白書．（http://www8.cao.go.jp/shoushi/shoushika/whitepaper/measures/w-2006/18webhonpen/index.html）
12）広井多鶴子・小玉亮子（2010）現代の親子問題―なぜ親と子が「問題」なのか，日本図書センター．
13）高田治（2015）なぜ虐待にいたるのか．平木典子・柏木惠子編：日本の親子，pp.188-206，金子書房．
14）田中理絵（2011）社会問題としての児童虐待．教育社会学研究，88，119-138．
15）神谷哲司（印刷中）父親の育児参加は増えているの？．沼山博・三浦主博編：子どもとかかわる人のための心理学，萌文書林．
16）内閣府（2018）男女共同参画白書 平成30年版．（http://www.gender.go.jp/about_danjo/whitepaper/h30/zentai/html/honpen/b1_s03_02.html）

第7章 ライフコースとワーク・ライフ・バランス

1. 子育て期のワーク・ライフ・バランス

(1) 子育て期というライフステージ

　ワーク・ライフ・バランス（以下，WLB）が実現した社会とは，誰もが仕事，家庭生活，地域生活，自己啓発など，さまざまな活動を，ライフプランに従ってバランスよく展開し，ライフスタイルの希望を実現できる状態を指す[1]。

　総務省統計局の「社会生活基本調査」によると，「末子が未就学」というライフステージは，男女とも生活の中で3次活動（自由に使える時間における活動：趣味，自己啓発，ボランティアなど）に割く時間が最も少ない時期である[2]。1日24時間のうち，多くが1次活動（生理的に必要な活動：睡眠，食事など）と2次活動（社会生活を送る上での義務的な活動：仕事，育児，家事など）に費やされている。つまり，子育て期のWLBを考える時，「ライフ」とは家庭生活が中心であり，仕事と家事・育児のバランスが重要な課題となる。若い成人期はキャリアの上で"働きざかり"とみなされることに加え，乳幼児を育てる時期は家事・育児量が最も多い時期でもある。個人のライフコースの中で最もワークとライフのバランスを保つのが難しいステージといえる。

(2) 子育て期の男女の就業

　「第1子妊娠前は働いていた女性が，出産後に仕事を続けるかどうか」という点に注目すると，1985（昭和60）～2009（平成21）年までの24年間，就業継続が約4割，6割は出産を機に離職という割合に変化はみられなかった。しか

し，2010（平成22）～2014（平成26）年出産コホートで初めて，就業継続（53.1％）が出産離職（46.9％）をわずかだが上回った[3]。同調査によると，第1子出産時に仕事を継続した女性が，第2子，第3子の出産時に就業継続する割合は8割近い。子ども数が多くなるほど家事・育児の負担が増して離職する人が増えるのではないかと想像しがちだが，むしろ逆なのである。このことから，第1子出産は今でも女性のライフコースにおいて「仕事を続けるかどうか」の最大の分岐点であることがわかる。その後，末子年齢が上がるとともに，仕事と子育てを両立させる女性の割合は増えていく[4]。

女性のWLBが多様であることに比べ，子育て期男性の就業の有無が問われることはほとんどない。生産年齢の男性は有業であることが暗黙の前提とされているためだろう。実際，末子年齢が6歳未満の夫婦では，「夫非就業・妻就業」という組み合わせのいわゆる「専業主夫」世帯は，夫婦のいる世帯全体の1.3％，末子年齢17歳以下に広げても1.6％にとどまっている[5]。

（3）子育て期の男女の家庭生活

子育て期の家庭生活はどのように営まれているのだろうか。夫と妻が1日に仕事・家事・育児にかける時間を働き方の組み合わせごとに対比させたのが図7-1である。

妻が仕事にかける時間の長さは，雇用形態によって差がみられる。仕事の時間が長いほど，家事や育児にかける時間は短くなる。しかし，その短縮分を夫が補っているわけではない。夫の平日の2次活動は，妻の働き方によらず，ほとんど仕事が占めており，家事・育児にかける時間はわずかである。このように，共働きであるにもかかわらず，夫は仕事中心で，妻だけが**仕事役割**と**家庭役割**のダブルシフトを負う分担様態は，**新・性別役割分業**と呼ばれる。

2．ワーク・ライフ・アンバランスとストレス

（1）ワーク・ライフ・バランスの希望と現実

前節でみたような生活時間のジェンダー差は，当人たちの希望にそったものなのだろうか。子どものいる男女に「仕事」「家庭生活」「地域・個人生活」の

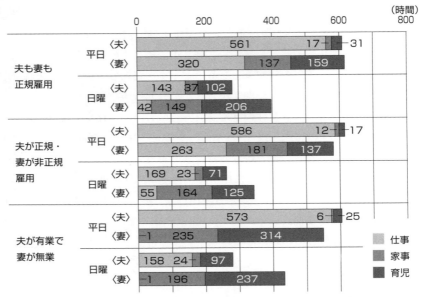

図7-1　子育て期夫婦の2次活動の内訳（平日・日曜）

［総務省統計局（2016）平成28年社会生活基本調査］

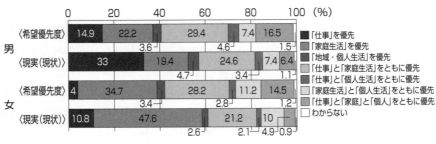

図7-2　子どものいる男女のWLBの希望と現実

［内閣府大臣官房広報室（2016）男女共同参画社会に関する世論調査］

うち優先したいものはどれか（希望優先度），現状はどうなっているか（現実（現状））を尋ねた結果が図7-2である。

希望に着目すると，男女とも「家庭生活」，あるいは「家庭生活」と他の領

域をともに優先したいと希望する人が多い。しかし現状は，女性では家庭生活のみを優先する人が，男性では仕事のみを優先する人が，希望以上に多くなっている。つまり，生活時間のジェンダー差は，必ずしも当人たちの希望によるものとはいえないことがわかる。

(2) 家庭役割に偏ることの問題

　ワークとライフの間に調和的なバランスが実現せず，家庭役割に偏った場合には，どのような問題が生じるのだろうか。

　就学前児をもつ母親を対象にした大規模調査では，育児に対する否定的感情は専業主婦の母親が最も強いことが示されている[6]。育児ストレスの要因はさまざまなものがあげられるが，一つには，母親が1人で育児をしている現状がある。図7-1にみるとおり，夫の育児時間が短い現況では，保育所等を利用しない専業主婦は，子育てはほぼ1人で担うことになる。2017（平成29）年の新語・流行語大賞に**ワンオペ育児**という言葉がノミネートされたことは，1人で育児の責任を負う大変さ・つらさが広く共感を呼んだことの表れだろう。

　一方，働く母親の育児ストレスは専業主婦に比べて低いことがたびたび報告されている。これは多重役割を負う母親の方が，保育所などのサポートがあることに加え，仕事の間は子どもと離れて「1人の大人としての時間」をもてることの効果と考えられる。

　生物学の世界では，哺乳類の母子の間には，親の身体資源（胎内空間，体温，抱き上げて移動するための体力など）や栄養資源，時間資源などの有限資源をめぐるせめぎ合いがあること，さらに，母親は自らを個体として維持する資源まで子どもに吸い取られないよう，子どもへの資源投資を調整していることが観察されている[7]。そのような観点に立つと，専業主婦の育児ストレスが高い現象は，子どもと長時間一緒にいて，子どもの要求に応え続けることで，自分を1人の大人として保てるだけの資源が不足してしまっている状態とみることができよう。

　有子女性を，フルタイム，パート，専業主婦の群に分けて資源の使い方を比較した調査では，3群に共通して，自分の成長や充実のために資源を使う程度が，人生の展望や有意味感を高めていることが見出されている[8]。ただし，自

分のために資源を使える程度には群間差があり，自分のために資源を使う程度が最も高いフルタイム群が，人生展望や有意味感も高いことが示された。それは，仕事を通して親役割を離れた活動の場をもっていること，自身の経済力があることなどによると考えられる。「自分の成長・充実のために資源を使う」方法は，ボランティアや趣味など，仕事以外にも考えられるが，子どもをもつ親であっても，子育てにすべてをかけるのではなく，一個の主体として自分のwell-being を保つために自己資源を使う必要があることを実証的に示したといえる。

　なお，1 人の大人としての自己が保てない状態がストレスになるのは男性も同じである。育児休業を取得した父親へのインタビュー調査では，育児に専念する休業中に，父親たちが不安や孤独感を感じていたことが語られている[9]。

(3) 仕事に偏ることの問題
1) 心身の健康を損なうこと
　図7-2にあるとおり，仕事に偏った生活を送る形でWLBが崩れるのは男性に多くみられる。週60時間超，すなわち過労死ライン並みに働く被雇用者の割合は，女性より男性の方が多く，特に子育て期にあたる30歳代・40歳代の男性では，15％ほどにのぼっている[10]。

　過重労働は，脳・心臓疾患や精神障害（うつ）の発症と関連することが知られており，近年は特に，うつ病の労災認定件数が増加している。労災補償を請求する件数，労災認定される割合，また，それらの疾患で死に至ってしまうケースも，男性が女性を大きく上回っている[11]。

2) ケア能力が醸成されないこと
　仕事役割偏重のために家事や育児の経験が少ない男性は，ケアに関するスキルや心構えを身に付ける機会を逃すことになる。高齢化や生涯未婚率の上昇という人口動態的な変化に伴い，男性にケア能力が醸成されないことは，育児期だけでなく生涯発達的にみて問題をはらむ場合がある。例えば，介護虐待の加害者に男性が多いのは，ケアに不慣れな男性が介護生活でストレスを感じやすいためだと考えられる[12]。ケアの経験やスキルの不足は，他者へのケア能力の欠如だけでなく，独居高齢者の**セルフ・ネグレクト**とも関連する問題である。

(4) 夫婦関係への影響

夫が休日にも家事・育児に関与しない夫婦では，第2子が誕生する割合が低い（図7-3）。1人で家事・育児を担う妻が「もう1人産んで育てよう」という意欲をもてなくなることが推測される。

妻が夫に期待する家事・育児分担の水準と現実のズレの大きさは，第2子出産意欲だけでなく，妻の夫婦関係満足度を低下させることも知られている[13]。妻の満足度が低下しやすいポイントが育児期である。子どもが誕生して親になった時，それまでの夫婦としての関係に加えて，親役割を協働で果たすパートナーとしての関係がつくれるかどうかが，その後の夫婦関係の質を左右する。夫婦関係の質は，家族システムを通して，親子関係や子どもの精神的健康にも影響を及ぼすため，夫婦が協働で子育てをすること（コペアレンティング）は，子どもの発達にとっても重要であることが報告されている[14]。

(5) 多重役割はマイナスか，プラスか

複数の役割を同時に負った状態を**多重役割**という。仕事と家庭の多重役割については，「仕事で疲れてしまって，家事や育児がおろそかになる」とか，「大事な会議の日に，子どもが発熱する」など，一方の役割からの要求がもう一方の役割の達成を阻害することによる葛藤や負担を指す**ワーク・ファミリー・コ**

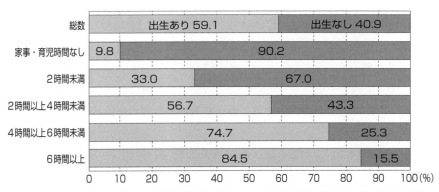

図7-3 夫の休日の家事・育児時間別にみた，この12年間に第2子が生まれた割合

[内閣府（2016）平成28年版少子化社会対策白書，p.27]

ンフリクトが注目されてきた。

ワーク・ファミリー・コンフリクトを高めるのは，仕事や家事の質・量が過重であること，仕事や家事への時間関与が高いことが見出されている[15]。時間や体力は有限である以上，複数の役割の要求が過重になれば疲労や精神的な緊張が高まることは当然起こりうる。

しかし近年は，多重役割のマイナス面だけでなくプラス面にも目が向けられており，一方の役割での経験がもう一方の役割でのQOL（生活の質）に好影響をもたらす**ワーク・ファミリー・エンリッチメント**[16]が注目されるようになっている。

3．ワーク・ライフ・バランスをはばむもの

（1）構造的要因：男性中心の職場環境

女性は家庭に，男性は仕事に，生活が偏ってしまうのはなぜなのか。個人のWLBの偏りは，夫婦間の役割分業のバランスの偏りを招き，協働子育てから遠ざかることになる。

男性を基準として構築された職場環境では，仕事中心の生活を送る男性の働き方が標準とされ，家庭責任を負う女性は（男性も）「一人前の労働者」として十分な働きをすることができないとみなされる。日本では欧米諸国に比べて男女賃金格差が大きいことは，そうした認識の一つの表れといえるだろう。

男性は基幹的な職務・職責を任され，仕事に対する時間的・心理的な関与をより強く求められる。夫が仕事中心の生活になれば，そのぶん，家事・育児の責任は妻が多く担わざるをえない。そして女性は労働市場からはじき出され，ますます家庭役割を引き受けることになっていく。職場は，妻に家庭役割を任せた男性労働者を長時間働かせることが可能になる。

（2）心理的要因：母性神話が男女双方を縛る

しかし，「男性中心の職場で多くの責任や関与を要求される夫は，やむなく仕事中心になる」という構造的要因だけでは説明がつかない点もある。例えば図7－1のグラフをみると，時間があるはずの日曜日でも，夫の家事・育児時

3. ワーク・ライフ・バランスをはばむもの　79

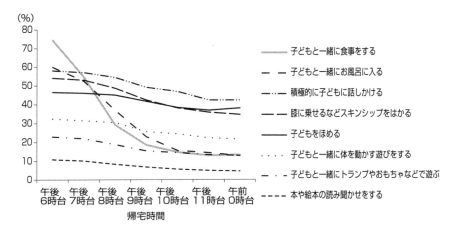

図7-4　父親の帰宅時間別，子どもと「よくしている」父親の割合

［厚生労働省（2006）第6回21世紀出生児縦断調査］

間は妻より著しく短い。また，父親の帰宅時刻と，父親が子どもと「よくする」活動の関連をみると，帰宅が早く，時間があれば父子のかかわりが充実するというわけではない（図7-4）。父親は，帰宅が早くても遅くても，時間をかけてじっくり子どものペースに付き合うような活動はあまりしていない。反対に父親たちがよくしているのは，「ほめる」「スキンシップ」など時間のかからないスポット的なかかわりが多い。ここから男性は，時間の有無にかかわりなく二次的養育者としてのかかわりにとどまっていることがうかがえる。

親になる前（妊娠中）と親になった後（出産後2年目，3年目）で自己概念を比較した縦断調査では，女性は「母親としての自分」の占める割合が大きくなり，「社会にかかわる自分」「妻としての自分」は小さくなるのに対して，男性は「父親としての自分」の割合は変わらず，「夫としての自分」が小さく，「社会にかかわる自分」の割合が大きくなることが見出された[17]。ここから，男性にとって「親になる」ことは，「それまで以上に頑張って働く」という意味をもつことが推察される。

　日本の父親たちは「女性は男性より生まれつき養育的」なので，「いくら頑張っても妻の方が子育てが上手」で，「（父親が）どんなにかかわっても（子ど

もは）母親に愛着を感じる」ものだという信念を抱いているという[18]。そのような信念に基づけば，「父親である自分の役割は，母親と同じように子どもとかかわることより，家族のために頑張って働くことだ」という発想になるのも無理からぬことであろう。つまり「子育てには母親の方が向いている」という母性神話は，女性を家庭役割に偏らせるだけでなく，相補性の原理で父親の役割をも規定して，男性を"自発的に"仕事役割に向かわせているともいえるのである。

（3）一人親のワーク・ライフ・バランス

「家族は稼ぎ手の男性と家事・育児を担う女性というペアを中心に構成される」ことを前提としたスパイラルのもとでは，どちらか一方の性別の大人しかいない一人親家庭にさまざまな負担がかかることになる。

一人親の抱える困り事・悩み事として多くあげられるのが家計の問題，そして子どもの教育や進学，しつけについての悩みである[19]。稼ぎ手役割・家庭役割を分担・共有するパートナーのいない一人親は，「家庭責任を一手に引き受ける妻をもつ男性」並みの働き方が標準とされる職場の要求に応えることは難しい。そのため，安定した仕事に就くことができずに経済的な困難を抱えるか，経済の安定を図るために子どもと過ごす時間を切り詰めるかの選択を迫られる。

さらに「育児を担うのは女親である」という社会通念のもとでは，父親が1人で子育てをすることが想定されていない。そのためシングル・ファーザーに対する行政の支援制度や周囲の理解は手薄で，サポートを得られず孤立しがちになることが報告されている[20]。

4．なぜワーク・ライフ・バランスが求められるのか

日本で「性別役割分業の核家族」が標準世帯モデルとして定着したのは，高度経済成長の時代である。各種手当が充実し，家族ごと丸抱えで，よほどのことがなければ定年退職まで雇用が保障された当時の「日本型雇用慣行」のもとでは，性別役割分業は効率のよい家庭経営戦略でありえた。しかし，雇用条件

の不安定化，男女共同参画の推進，少子高齢化による労働力不足など，その後の社会状況の変化は，第2節でみたような役割分担の偏りによる問題を生じさせた。

　さらに家族の形が多様化した現代では，男女のカップルが家族の基本単位とは限らない。生涯未婚率が上昇し，結婚せずに1人で生きる人が増えている。結婚した夫婦も，仕事や介護の都合で同居するとは限らない。同性カップルの存在は今後ますます顕在化してくると予想される。性別や，結婚するかしないか，子どもをもつかもたないかとは関係なく，仕事役割＝経済力と，家庭役割＝自他をケアする能力・スキルをバランスよく身に付けることは，現代を生きるすべての人にとっての新たな発達課題といえよう。

■引用文献

1) 内閣府男女共同参画局（2007）仕事と生活の調和の実現に向けて．（http://www.gender.go.jp/kaigi/senmon/wlb/pdf/wlb-jitugen.pdf）
2) 総務省統計局（2016）平成28年社会生活基本調査．
3) 国立社会保障・人口問題研究所（2015）第15回出生動向基本調査夫婦調査．
4) 厚生労働省（2016）平成28年国民生活基礎調査．
5) 総務省統計局（2015）平成27年国勢調査．
6) ベネッセ教育総合研究所（2016）第5回幼児の生活アンケート．（https://berd.benesse.jp/jisedai/research/detail1.php?id=4949）
7) 根ヶ山光一（2002）発達行動学の視座―〈個〉の自立発達の人間科学的探究，金子書房．
8) 永久ひさ子（2010）中年期有子女性における家庭内での価値志向および家庭内役割意識と人生展望感の関連―就業形態による特徴から．家族心理学研究，24，157-170．
9) 菊地ふみ・柏木惠子（2007）父親の育児：育児休業をとった父親たち．文京学院大学人間学部研究紀要，9，189-207．
10) 内閣府男女共同参画局（2018）男女共同参画白書平成30年版．
11) 厚生労働省労働基準局（2017）平成28年度「過労死等の労災補償状況」を公表（報道発表資料）．別添資料1．脳・心臓疾患の労災補償状況，別添資料2．精神障害の労災補償状況．

12) 厚生労働省（2017）平成27年度高齢者虐待の防止，高齢者の養護者に対する支援等に関する法律に基づく対応状況等に関する調査結果．
13) 相良順子・伊藤裕子・池田政子（2008）夫婦の結婚満足度と家事・育児分担における理想と現実のずれ．家族心理学研究，22，119-128.
14) 大島聖美（2016）夫婦関係の子どもの養育：夫婦間のコペアレンティングに向けて．広島国際大学心理学部紀要，3，79-90.
15) 金井篤子（2002）ワーク・ファミリー・コンフリクトの規定因とメンタルヘルスへの影響に関する心理的プロセスの検討．産業・組織心理学研究，15，107-122.
16) Carlson, DS, Kacmar, KM, Wayne, JH & Grzywacz, JG（2006）Measuring the positive side of the work-family interface: Development and validation of a work-family enrichment scale. *Journal of Vocational Behavior*, 68, 131-164.
17) 小野寺敦子（2003）親になることによる自己概念の変化．発達心理学研究，14，180-190.
18) 福丸由佳（2016）仕事と家庭の多重役割．宇都宮博・神谷哲司編：夫と妻の生涯発達心理学―関係性の危機と成熟，pp.129-133，福村出版．
19) 厚生労働省（2017）平成28年度全国ひとり親世帯等調査．
20) 川崎市男女共同参画センター（すくらむ21）（2016）シングルファーザー生活実態インタビュー調査報告書．川崎市男女共同参画センター（すくらむ21）シングルファーザー生活実態インタビュー調査プロジェクト．

第8章
多様な子育て家庭への支援

　家庭での子育ての状況が多様化する中、幼稚園や保育所、認定こども園などにおいても、多様な家庭への支援が求められている。現代的な家庭や社会の変化を背景に、2017（平成29）年3月に、「幼稚園教育要領」「保育所保育指針」「幼保連携型認定こども園教育・保育要領」が告示された。各要領・指針の告示では、子どもに関する内容だけではなく、子育て支援に関する内容も充実されるなど、家庭や社会の変化に合わせて改訂・改定されている。つまり、保育者は、各要領・指針の幼児教育・保育の基本的事項に依拠しながら、多様な生活状況の保護者に対して支援を展開していくことが求められているのである。

　そこで本章では、家庭や子育ての状況が多様化する中、比較的保育者が現場で目にしやすい3つのケースに対して、どのような視点でとらえ、どのように支援をしたらよいのかを考察していく。なお、本章で取り上げるのは比較的重篤ではないケースであり、特別な配慮を必要とする家庭への支援については第9章にゆだねる。

1．育児不安をもつ家庭

　保護者の多くは、子どもの成長に喜びを感じながら楽しく子育てに取り組んでいる。一方で、楽しい子育ての中でも、その時々で子育ての不安感や負担感などを抱える保護者は少なくない。つまり保護者は、楽しさと大変さのアンビバレントな感情を持ち合わせながら、子育てに取り組んでいることを理解しておきたい。

　子育ての不安感や負担感に関して、保育者に寄せられる保護者からの相談内容は多様である。例えば、0〜1歳頃であれば、赤ちゃんが自身に対して伝え

たいことがわからない，遊び方・かかわり方がわからない，あやしても泣きやまない時にどうしたら泣きやんでくれるのかわからない，寝不足でつらい，夜中になかなか寝てくれない，卒乳できなくて困っている，離乳食のつくり方や内容がわからない，なかなか歩くようにならないなどの相談があげられるであろう。その後は，トイレットトレーニングの進め方や，なかなかおむつが取れない，言葉の遅れの心配や，クラスの友だちに手を出したり，かみついたりしてけがをさせていないか，長引く夜泣きなどの相談もみられる。3歳以上児になると，なかなか言うことを聞いてくれず，しつけの仕方に困っている，食事・間食の時間や内容，就学前には生活リズムや小学校への適応，ちゃんと園で話が聞けているのか，発音・発話に関することなどの相談もみられる。その他，落ち着いて座っていられない，集中力が続かないなど，多種多様である。これらの悩みの内容は，子どもの発達段階やパーソナリティ，家庭の状況などに応じて変わってくる。そして保護者がふと悩みの種に気付くのは，自身の子どもと園のクラスの子どもたちや，育児書に記載されている一般的な子どもの発達と比較した時に，「うちの子は大丈夫かな？」と思うことが多い。そのような時に気軽に相談できるのは，普段の子どもの様子を見ている保育者である。保育者は，子どもや家庭の状況の違いによって変わる保護者の悩みに対して，個別的な対応が求められる。

事例8−1

A子さん（26歳）は1児の母親であり，夫，子どもの3人暮らしである。大学進学のタイミングで地元を離れたため，両親は自宅近くには住んでいない。夫もA子さんと同様に大学進学を機に地元を離れているため，両親はすぐに帰れる距離に住んでいない。

2か月前，子どもが1歳になるタイミングで保育園に入ることができたため，職場復帰した。夫婦は共働きであり，子どもの送迎は夫婦で分担している。仕事が忙しい中でも夫はできる限り育児をしようと努力してくれている。ある日，A子さんは仕事が早く終わったため，ふだんより早めに子どものお迎えに行けることがあった。ふだんお迎えに行く時間は，クラスの子どもたちが降園した後のため，自身の子ども以外の様子を見ることはほとんどなかったが，その日はクラスに2人の子どもが残っていた。そのうちの1人であるBちゃんは，A子さんの子

どもよりも少し体が細く小さいものの、ゆっくりと歩いていた。その様子を見たA子さんは自宅に帰り、夫に「うちの子はいつになったら歩き始めるのだろう？　育児書やインターネットを見ていると、1歳くらいから歩き始めると載っていたけどうちの子は遅いのかな？　個人差があるって書いてあるから大丈夫だよね」と話しかけた。夫は「1歳くらいから歩き始めるのだったら歩き始めてもいいよね。どうなんだろう。そろそろ歩き始めるのかな？　今後も歩かないことはないだろうし大丈夫じゃないかな」と返答した。

　復職後は久々の仕事に慣れることで精いっぱいであり、忙しい日々を過ごしていたためあまり気にしていなかったが、A子さんは正確な情報がわからないことから少し心配になった。そんな時、来週保護者参観が開催されることがわかっていたため、A子さんは保護者参観に参加して、自身の子どもやクラスの子どもたちの様子を見てみようと考えた。

　保護者参観当日、園に行くと、0歳児クラスには5人の子どもたちとその保護者が来ていた。クラス担当の先生からは、現在5人の子どもたちがいることは聞かされていたが、年度途中の入園であり、仕事の都合でお迎えの時間も遅いことから、なかなか他の保護者たちとかかわる機会がもてないでいた。初めてクラスの子どもや保護者と時間を共有する中で、泣いてしまう子、お母さんから離れられない子など、さまざまな子どもがいることがわかってきた。その折、先週ゆっくり歩く様子を見たBちゃんとそのお母さんと隣同士になった。お母さんと話したところ、Bちゃんは現在12か月であり、約半月前から少しずつ歩くようになってきたという。周囲を見てみると、Bちゃん以外にも歩いている子どもが3人おり、中にはA子さんの子どもと同じくらいの体格の子や、A子さんの子どもより少し小さい子でも歩いていた。歩いていないのは、6か月くらいの子とA子さんの子どもだけであることに気がついた。A子さんは急に不安になり、保護者参観後、クラス担任の先生に「うちの子、いつになったら歩けるようになるのでしょうか……」と声をかけた。

◆支援のポイント

　都市化の進行や家族の矮小化・最小化、3世代家族の減少などが進む中、わからないことがある時すぐに助言をもらえたり、手伝ってもらえたりする祖父母が身近にいない家庭が増えている。そのような中、インターネットや育児書の情報を参考にするしかない保護者もおり、一般的な発達の目安や、他の子どもとの比較の中から不安感をもつ保護者もいる。育児不安と聞くと、一般的に

は何か重篤な内容であるように聞こえるケースが多いと思われるが，育児不安の程度はさまざまである。保育者に相談が来る育児不安に関する内容は，実は比較的軽度な相談が多い。ただし，育児不安の感じ方は保護者によってさまざまであるため，同じ相談内容でも保護者のとらえ方によって，保護者自身が感じる育児不安の程度は異なることに注意が必要である。

　児童福祉法第18条の４では，保育士は「保育士の名称を用いて，専門的知識及び技術をもって，児童の保育及び児童の保護者に対する保育に関する指導を行うことを業とする者をいう」と定められている。ここでいう児童の保護者に対する保育に関する指導（**保育指導**）とは，「保護者が支援を求めている子育ての問題や課題に対して，保護者の気持ちを受け止めつつ行われている，子育てに関する相談，助言，行動見本の提示その他の援助業務の総体」[1]である。また，保育所保育指針[2]では，保護者に育児不安等がみられる場合，保護者の希望に応じた個別支援に努めることが定められている。このことは，**不適切な養育**が疑われる場合のみではなく，不適切な養育につながらないよう，日頃から育児不安を解消できるような予防的かかわりをもつことが望ましい。

　子どもの発達は個人差が大きいため，発達が早い子どももいれば，遅い子どももいる。しかし，子どもの発達に関する知識の乏しさから，「うちの子は順調に育っていないのでは？　何か障害があるのではないか？」と危惧する保護者は少なくない。このような子どもや子育てに関する知識の乏しさや，他の子どもとの比較などにより，不安感をもつ場合がある。実際に子どもが順調に発達すれば何でもないことだったと振り返られることでも，その時々に抱える不安感は，保護者にとっては大きな悩みや心配の種になりうる。

　保育者は多くの子どもを見ているため問題ないと思っていても，保護者からすると唯一の子どもであり，子どもと触れ合う経験が乏しいゆえに不安をもつのである。その時々に保護者がもつ不安感に対して，保育者はその思いや声をていねいに受け止め，保護者が安心できるような言葉がけをするなど，保護者の状況を把握しながら個別的に対応していくことが大切である。

　また，保護者によって生活形態が異なることをふまえ，保護者同士が顔を合わせた際には，安心して互いの子育てに関する意見や情報交換等を伝え合える関係を構築できるよう工夫することも必要であろう。そして，保護者自身が不

安な気持ちを乗り越えて，再度楽しさを感じながら子育てができるよう支えていくことが求められる。そのためにまずは，子どもの発達をしっかり学んでおくことが重要である。また，子どもの発達の違いに気付くために，子どもとかかわる経験を多く積んでおくことが望まれる。

2．育児サポート環境のない夫婦共働き家庭

　1980年代以降，産業構造の変化に伴うサービス経済化や都市化，女性の役割に対する国民の意識の変化，女性の進学率の上昇や就労意識の高まり，女性の高学歴化などのさまざまな要因と相まって，男女が共に働く共働き世帯が増加した。その数は年々増加し，1997（平成9）年以降は片働き世帯数より共働き世帯数の方が多くなっている[3]。また，夫は外で働き，妻は家庭を守るべきであるという性別役割分業意識に対して，反対の意見が強くなってきている。しかし，社会と男女の性別役割意識は変化したものの，男性が育児や家事に参加できているかというと，実際はそうではない。第6章で解説したように，「育児する父親」は一般化したようにみえるものの，父親の育児参加は劇的に増加していないのである。そのため，結局は母親が1人で家事・育児のすべてを回していかなければならない，いわゆる**ワンオペ育児**の現状がみられる。このような状況により仕事と家庭の両立に困難が生じた結果，「仕事を続けたかったが，仕事と育児の両立の難しさでやめた」ことを退職理由とする正社員女性の割合は2割以上となっている[3]。つまり，核家族かつ夫婦共働きの家庭が主流であること，しかし，父親の育児・家事時間が少ない状況の中で，母親への育児・家事の負担がかかる状況にある家庭が多くみられる。そのような家庭に対して，保育者は保護者の家庭と仕事の両立を支援することが求められる。

事例8－2
　Cさん（35歳）は，1歳と3歳の子どもを育てる母親である。夫婦は共働きであり，父親は職場までの通勤時間が長いため，朝早く仕事に出て帰りも遅い生活を送っていることから，平日の育児は期待できない状況にある。Cさんは育児休暇からの復帰のために入園の申し込みをしたものの，年度途中での申し込みであったことや待機児童がいる地域であるため，きょうだいで同一の園に入れな

かった。現在はきょうだい別々の園に通っており，3歳のDちゃんは幼保連携型認定こども園に，1歳の弟は小規模保育施設に預けている。

　Cさんは，時々仕事の残業があり，かつ子どもを別々の園に迎えに行くと，どうしてもお迎えが遅くなってしまうことがある。子どもを預かってもらえる規定の時間を過ぎてしまうこともあり，時には閉園時間を過ぎてしまうこともあった。そのため，ふだんは他の子どもたちがいる時間に迎えに行けるものの，仕事の残業がある日は，Dちゃんはクラスの中で最後のお迎えになってしまうことがほとんどであった。DちゃんはCさんのお迎えが遅いと，ちらちらと玄関の方を見ることが多くなる。クラスの部屋のドアが開く音が聞こえるたびに，ぱっとドアの方を向き，お友だちの保護者のお迎えであることがわかるたびに，少し悲しそうな表情を見せていた。Dちゃんのクラス担当であるE保育教諭は，そんなDちゃんの様子を日頃から見ていた。

　ある時，Cさんがお迎えに行くと，クラス担当のE保育教諭が声をかけてきた。E保育教諭は，「Dちゃんママ。今日もお仕事お疲れさまでした。お忙しそうですし大変ですね。Dちゃん，今日もいい子にママのことを待っていましたよ。でも，お迎えが最後になってしまう時はいつも寂しそうです。お忙しいとは思うのですが，もう少し早めにお迎えに来れませんか？」と声をかけた。Cさんは，子どもに寂しい思いをさせてしまっている罪悪感と同時に，仕事の都合はどうにもできない状況に悩み，口を閉ざしてしまった。

◆**支援のポイント**

　認定こども園や保育所等への入所については，各市区町村の担当窓口等に申し込みを行う。保護者としては，送迎時間を考え，きょうだい同一園を希望する場合が多いものの，待機児童がいる地域では，必ずしもきょうだいが同一園にならない場合がある。そのような場合は，本事例のように，きょうだい別々の園に送迎することになる。きょうだいの園の距離が近い場合はまだよいものの，中には片道20～30分程度かかるケースもみられる。保護者は，朝は自身や子どもの身支度，家族の朝食づくりや弁当づくり，食器洗い，洗濯などの家事をこなしつつ，仕事の出勤時間や子どもの登園時間を気にしながら準備をしなければならない。他方，子どものイヤイヤ期には園に行かないと泣き出したり，家を出る直前におむつを変えなければいけない事態になるなど不測の事態も起こるため，朝は時間との闘いなのである。仕事に就くと，残業がないよう

必死に仕事を行い，仕事が終わると園の保育時間を気にしながらすぐにお迎えに行く。その後は子どもの生活リズムを気にしながら夕飯の買い出しや食事の支度，お風呂や寝かしつけなど，1日があっという間に過ぎていくのである。祖父母が近くにおらず，父親もなかなか手伝えない状況であると，1日の家事・育児は母親が負担することになる。いわゆる「ワンオペ育児」である。このことは，一人親家庭も同様であり，家庭と仕事の両立を図ることに困難をきたしている家庭が多い。つまり，家庭の子育てマンパワー不足は，子育て家庭にとって困難さをもたらすのである。

　幼保連携型認定こども園教育・保育要領解説[4]では，保護者の仕事と子育ての両立支援が示されている。このことは，保育所においても同様に行われている。つまり保育者は，仕事と家庭の両立ができるよう応援していく立場なのである。

　本事例では，子どもの様子を身近で見ているE保育教諭は，子どもの最善の利益を優先してCさんの早いお迎えをお願いしている。子どもにとって最善と思うことを考え行動することは保育者にとって望ましい行為である。しかし，子どものみの最善の利益を考えるのではなく，保護者への支援も重要である。それは，子どもは降園すると家庭に帰っていく。子どもの生活基盤をつくる保護者を支えることは，結果として子どもの最善の利益にもつながるのである。保護者は，子どもをお迎えに行けないことに罪悪感を抱いている場合が多い。保育者は，保護者の状況を把握し，保護者の大変さを理解する視点が求められる。そして，保護者と信頼関係を構築しながら，家庭と連携・協力していくのである。その際，延長保育の利用案内や，ファミリー・サポートなどの地域の子育て支援情報を保護者に紹介するなど，状況に応じて社会資源をうまく活用しながら子育てができるよう，情報提供することも有効である。ただし，子どもと一緒にいたくないために意図的にお迎えに来ない保護者や，育児疲れや体調不良などによりお迎えに来られない保護者もいる。そのような保護者は，個々の状況を把握した上で対応することが望ましい。

　最後に，当然のことではあるが，子どもの園生活への配慮を忘れてはいけない。ふだんと異なる生活には，子ども自身の不安も大きい。そのため，子どもの発達の状況や健康状態，生活リズムや情緒の安定などに配慮しながら，子ど

もたちが安心して園で過ごすことができるよう工夫することが大切である。

3．孤立しがちな家庭

　戦前の日本の家族は，多世代の家族が地域内で仕事をしながら生活を共に営む姿があった。多世代での生活は，子育てへの干渉や自由の制限はある一方，子育てにかかわる人手が多く，役割が分散されるため，母親への育児負担は相対的に軽かったという。また，親族組織や地縁による地域共同体には，隣近所の人を含めた支え合いがみられた。地域の支え合いの中で子どもを見守り，育てる文化が存在したため，親にとっては，身近な複数の育児モデルから子育て方法を学べる機会があったのである。

　一方，産業構造の変化の中で人口移動が起こると，地域にあった地縁・血縁によるつながりが薄れ，地域における子育て支援機能の低下がみられるようになっていった。地域共同体の崩壊とともに，子どもを見守る地域社会のまなざしが消え，家族が孤立化する傾向がみられるようになったのである。そして，新しく世帯を形成した夫婦は，知らない地域の中で子育てを強いられるようになった。生まれ育った地域を離れ，見ず知らずの地域での生活は，不安や緊張，他者とかかわることへの煩わしさなどから，地域での人間関係構築を避けるなど，近隣との人間関係の希薄化が加速したのである。

　このような地域や家庭での育児機能の低下や子育て家庭の孤立化に加え，家族の小規模化に伴い，家族内の個々人への負担が増えていった。結果的に育児が母親に集中することで，育児の不安感や負担感を感じやすい環境がつくられてしまっている。このような環境の中，親のみの努力では子育てに限界があるといえるであろう。家族が孤立する中で，家族内で完結したシステムとして機能させるのではなく，社会資源を活用しながら地域や社会のネットワークとつながることが大切である。

事例8－3
　Ｆさん（29歳）は初めての出産を機に里帰りをしていた。出産は不安が大きかったものの，実家にいる親のサポートのおかげで，出産後も安心して過ごして

いた。また、実家から自宅は隣県ではあるものの、片道2時間程度かかるためすぐに行き来できる距離ではないが、日曜日や祝日は夫が実家に来て子どもとかかわる時間をつくってくれていた。

　出産して2か月たった頃、夫の食生活や家の家事も心配だったため、自宅に戻ることにした。自宅に戻ると、実家にいた頃の環境とは異なり、基本的には1人きりでの育児となり、次第に心配になっていった。子どもはだいたい3時間おきに起きるため寝不足であるものの、夫は仕事があるためなかなか平日に育児を頼みづらいことや、言葉を発しない赤ちゃんが泣いた際に、何を求めているのかがわからないものの、何を知りたいのかを聞きたくてもすぐに聞けない環境のため戸惑い、不安感と負担感が募っていった。

　そんな時、市から連絡があり、「こんにちは赤ちゃん事業」として保健師さんが家庭を訪問してくれるとの連絡を受けた。すぐに日程を調整し、翌週早々に家庭訪問を受けることにした。保健師さんの家庭訪問では、子どもの体重の確認や不安な話の傾聴、その上で必要な市内のサービス情報を教えてもらうことができた。妊娠の届け出時に受けた説明では、まだ遠い話のようでぴんときていなかったが、今回の保健師さんからの子育てサービス情報を聞き、さまざまな子育てサービスが身近なこととしてとらえられるようになった。保健師さんの話によると、自宅の近くに子育て支援センターがあり、そこには専門家である保育士さんがいるため子育てに関する悩み相談ができること、ママ友をつくったり情報交換の場にもなっているとの情報をもらえた。

　翌日、子どもが3か月になるタイミングで子育て支援センターに足を運んだ。

◆**支援のポイント**

　地域子育て支援拠点事業とは、児童福祉法に定められた事業であり、地域の子育て支援機能の充実を図り、保護者の子育ての不安感等を緩和し、子どもの健やかな育ちを支援することを目的としている。一般的には、子育て支援センターや子育てひろばなどの名称で呼ばれることが多く、保育所や児童館、公共施設や商店街の空きスペースや空き店舗、アパートやマンションの一室などを活用して実施されている。

　初めて子どもを育てる保護者の中には、妊娠期から育児書やインターネット等を用いて情報収集しながら子育ての勉強をしている人が多くみられる。しかしながら、育児書やインターネットで調べた内容が、必ずしも自身の子育てに

当てはまるわけではない。また，インターネットは誤った情報が流れていることもあるため，結果として保護者の不安感が募る場合や，情報が多すぎて混乱をきたしてしまう場合も少なくない。そのような時，身近な先輩ママ・パパである自身の親がいる場合は気軽に子育ての悩みを打ち明け相談できるものの，自身や夫の親が近くに住んでいない場合は気軽に行くこともできず，毎日電話で聞くわけにもいかない場合も多い。なおかつ夫が仕事による不在が多かったり，単身赴任で不在になってしまう場合，子育ての話をしたいが話し相手がいない状況となることで，孤立感を抱える保護者は少なくない。地域子育て支援拠点事業は，乳幼児をもつ保護者に対して，交流の場の提供や子育てに関する相談・援助，地域の子育て情報の提供などを実施することで，子育ての孤立感や負担感の解消を図る役割を担っている。そのため，ママ友づくりや，子育ての悩みを言い合えるピアサポートの関係づくり，さまざまな情報収集を得ることや保育士に悩みを相談することで，気持ちを切り替え，子育てを楽しむことができるのである。そのため保育者は，保護者の悩みや思いを受け止めつつ，どのようなニーズをもつのかを把握し，状況によっては他機関と連携するなどの役割が求められている。

　近年では，妊娠期から出産・子育て期にわたる切れ目のない支援を実施するために，市町村は**子育て世代包括支援センター**（母子健康包括支援センター）を設置するよう努めている。この子育て世代包括支援センターは，地域の実情等をふまえながら，2020年度末までに全国展開することが目指され，妊娠期から出産・子育て期の多様なニーズに対して，母子保健事業と地域子育て支援事業を一体的に取り組むワンストップ拠点としての機能が期待されている。昔のような地縁・血縁による地域共同体に代わり，各分野が連携しながら地域のネットワーク内で家庭を支えるシステムの構築が進められている。

　これまで，3つのケースに対する支援を考察してきた。一つひとつのケースは独立しているようにみえるが，3つのケースを概観すると，実はさまざまな要因が複雑に重なり合っていることがわかる。また，その要因は連続的であるため，さまざまなケースにも当てはまりうることなのである。

　保護者支援や家庭への支援というと，重篤なケースを想定する者が多いが，

実際はちょっとしたことを聞きたい，相談したい，意見が聞きたいというケースがほとんどである。そのような保護者とのかかわりを通して，信頼を積み重ね，保護者との関係性を築いていくのである。信頼関係を構築することで，保護者を支援するベースを構築するとともに，重篤なケースになる前の予防的機能を果たしていくことが必要である。そして，保護者と一緒に，子どもの最善の利益を優先して考慮できるような体制構築が求められる。

■引用文献
1）厚生労働省（2018）保育所保育指針解説．
2）厚生労働省（2017）保育所保育指針．（平成29年3月31日告示）
3）内閣府男女共同参画局（2018）男女共同参画白書平成30年版．
4）内閣府・文部科学省・厚生労働省（2018）幼保連携型認定こども園教育・保育要領解説．

第9章
特別な配慮を必要とする家庭への支援

　「保護者対応が仕事の中で最も苦手……」。そう悩んでいる保育者（特に若い保育者）は少なくない。保育者が話しかけようとしても，それとなく距離をおこうとする人，すぐに反発する人，なかなか保育者の言うことを理解してくれない人，思いがけないクレームをつけてくる人などがいる。

　ただでさえ苦手な保護者対応のうち，「特別な配慮が必要」となれば，なおさら保育者にとって困難な業務といえる。後の事例をみるように，**特別な配慮**とは，保育者にとって「困った保護者・家庭」にみえるはずである。大事なことは聞いてくれないし，対応に神経を使う。保育者以外の人的サポートが充実していれば，その困り感は軽減されるはずだが，残念ながら現実はそうなっていない。

　しかし，「困った保護者・家庭」ではなく「困っている保護者・家庭」という視点をもちたい。彼らは，好き好んで「特別な配慮が必要」な事態になったわけではないからである。

　本章では，「困っている保護者・家庭」の4ケースそれぞれの家庭に対して，何を考え，どう支援したらよいのか考察するものである。なお，一般的に「特別な配慮を必要とする家庭」には障害のある子の家庭や「気になる子」の家庭も含まれるが，これらの家庭への支援は他章にゆだねる。

1．貧困家庭

　「貧困は見ようとしないと見えない」。厚生労働省が発表している子どもの貧困率が「7人に1人」といわれても，ぴんとくる人はほとんどいない。それでも毎日の保育を通して子どもの発達・生活を保障する保育者は，子どもの身

なりや言動，送迎で出会う保護者の様子や子どもとのかかわりなどから「貧困かもしれない」と予測しやすい立場にある。

子どもの貧困とは「子どもが経済的困窮の状態におかれ，発達の諸段階におけるさまざまな機会が奪われた結果，人生全体に影響をもたらすほどの深刻な不利を負ってしまうこと」[1]である。経済的困窮から虐待や孤立などさまざまな社会的不利をもたらし，この貧困を克服しない限り次世代の貧困をつくり出してしまうという重大な社会問題である。しかも問題なのは，子どもの貧困率の中でも年齢別でみると，乳幼児の貧困率が最も高いことである。

また，一人親家庭，特に母子家庭が貧困を抱えやすいことは周知の事実となっている。男女共同参画社会が進められてきたとはいえ，母子家庭の母親の就労状況は依然厳しく，働けず貧困，かつ働いても貧困から脱出できない社会構造を日本は抱えている。

事例9－1
　母子家庭のAちゃん。その若い母親が本当に珍しく早く迎えに来たことがあった。その後，担任である若い職員が園長のところに顔を真っ赤にしてやってきた。「聞いてください，園長!!」と言うので「どうしたの？」と尋ねると，「あのお母さん，今からコンサートに行くって言うんです！」と。園長は「ほう，そうなの。お迎えに来てくれたんだね」と言うと，担任は「でも早くお迎えに来たのにコンサート会場の託児に預けるんです，きっと」と言った。
　園長は，若い担任の憤りがどこにあるのか最初わからなかった。担任は，母親が早く迎えに来てくれて大喜びのAちゃんを見ている。しかし，Aちゃんがそのまま託児にまたスライドさせられることと，その母親が自分の余暇を楽しむため，Aちゃんを振り回す姿にとても憤りを感じていたようだった。「Aちゃんがかわいそうだ」と担任は泣くのだった。
　しかし，園長や他のベテランの職員は母親へのまなざしが担任とは異なっていた。Aちゃんの母親はまだ20歳代前半。同世代の友だちがめいっぱい遊んでいるのを横目に見ながら，朝から晩まで働いている。低賃金の派遣職員として働いて一家を支えている。その母親がたぶん唯一の楽しみであった「自分のお気に入りのアーティストのコンサートのチケットを取ろうとして，"取った"」という事実と，そこにもう「よろこび勇んで行く姿」，さらに「ほったらかしではなく，早くちゃんと迎えに来て託児に預ける段取りをしている」ことのすべてが，園長

たちはとても素晴らしいと思ったのだ。園長は若い職員に「お母ちゃんが，そうやってコンサートに行けて，明日からまたホッコリした笑顔でお子さんに向かうことは，悪いこととは思わないな」と話した。他の職員も「そうだよね，"早く迎えに来た"と思ったら，"託児に連れて行かれる"ってことは"どうなの？"って思うこともわかるけど，お母ちゃんだって必死で頑張ってるんだから，そういうご褒美もあってもいいんじゃないかと思うよ」と言った。憤って泣いていた若い職員はだんだん落ち着いて，「そうか，そうやって考えるのも必要なのかな」と言った。

◆支援のポイント

　対人援助職にあって，援助者自身の価値観はその援助を左右する。保育者に置き換えれば，子ども観や子育て観が保育および子育て支援を左右するといってよい。事例9-1のような貧困家庭への支援でそれはあらわになりやすい。
　事例9-1の若い担任は，子どものことだけを考えていた。しかし，園長やベテラン職員は子どもと一生懸命生きているお母さんも見えている。その違いである。この担任はとても正義感が強く，子どものことをとても愛しているから保護者に厳しい見方になった。こうした保護者への見方を獲得するためには，経験値が何より重要なことはいうまでもない。
　さらに重要なことは，一人ひとりの職員がそれぞれバラバラに子育て支援をしているのではなく，職員集団として子育てを支援するという姿勢にある。保護者の子育て支援は担任だけで行うことはできない。担任に「何かあったら自分の責任」と思わせるような自己責任の支援であってはならない。貧困家庭にはなおさら，職員みんなが異なる見方・考え方を出し合い，考え合う子育て支援が求められる。

2．虐待の疑いがある家庭

　保育者は，子どもの様子から**虐待**を受けている可能性があると感じた時，「子どもをこのような状態にするなんて」という思いから，保護者を「ひどい親」と見てしまいがちである。確かに，虐待はどのような事情があっても許さ

れるものではない。しかし、虐待をしている保護者の中で、自分の行為をやめたい、こんなことをしてはいけないと思っているのに、自分一人ではどうにも解決できず苦しんでいる人は少なくない。また、自分の行為が虐待にあたると思っていない保護者もいる。いずれにせよ、保育者が保護者を責めても問題は解決しない。

　子どもに暴力を振るうことがなくても、ストレスフルな状況が続く中で、食事の時間や寝る時間が極端に乱れ、家中に物やごみが散乱していてもそれを放置するといった状態になってしまうことがある。こうなると、子どもは不衛生な環境の中で不規則な生活をすることになる。保護者が無気力な状態となっているために、十分なケアを受けられないこともある。

　保育者には、子どもの虐待を早期に発見する義務がある。虐待を疑った場合には、同僚や園職員の相談をふまえて、児童相談所等へ通告することが求められている。

事例9－2
　Bちゃんは、半年前に入園した。当初は、まだ子どもも保護者も慣れないのか、保育園を休みがちであった。しかし、休みが続く今、「慣れない」という様子は普段の送迎時や連絡帳からもあまりみられない。なかば唐突に「風邪をひいたので休ませます」という連絡があったり、「おばあちゃんの家に行っています」と言って数日間園に来なかったり、無断で休むこともしばしばあった。たまに登園する際には、表情が乏しく、挨拶も他の保護者にはもちろん、担任にもほとんど交わさない。Bちゃんが数日間同じ洋服を着続けたり、タオルやふとんなど忘れ物もしばしばみられた。

◆**支援のポイント**
　ネグレクト（**育児放棄**）の状態にある保護者は、自身が無気力になっていることがある。子どもをきちんと園に通わせる意識が低くなっている。保護者に「きちんと園に通わせてほしい」と求めると、保育者の思いに応じること自体に保護者が疲れを感じ、ますます園に来られない状態に陥ってしまう。このような保護者に対しては、子どもを登園させた際の労をねぎらい、遅れてもよいので、できるだけ子どもを園に連れてきてほしいことを伝える。

また，登園しない理由が，身体的虐待によって子どもの身体に傷ができたことにある場合も考えられる。電話で休みの連絡があった際には，保護者を問い詰めることなく，保育者としてさりげなく子どもの登園を楽しみにしていることを伝えるようにすることが重要である。そのため，子どもが登園した際には，保護者の前で登園を喜んでみせて，翌日以降の保育につながるように子どもや保護者に働きかける必要がある。

3．保護者が精神障害や疾病を抱える家庭

　現代はストレス社会であるといわれ，多くの人がさまざまな悩みやストレスを抱えている。それに伴い，うつ病や統合失調症，パニック障害などの精神疾患（心の病気）を患う人が年々多くなっている。それは保護者にも当てはまり，最近ではどの園でもこのような保護者がいると聞く。保護者が自分から，自身の病気について話すこともあるが，特に病気の初期の段階では，なかなか保育者に伝えられないケースが多い。保護者の表情が暗い，笑顔がない，子どもに遅刻や欠席，忘れ物が目立つなどの状況がみられる場合に，精神疾患を患っている可能性があるかもしれないと考えてみてほしい。子どもが在園中に発症したり，本人に自覚がなく周囲もわからなかったりすることもある。また，慢性疾患の場合もこれと似ている。いずれにせよ，通院を余儀なくされること，送迎や緊急の迎えが困難なことを頭に入れておきたい。
　保護者に精神疾患や慢性疾患がある場合，子どもも精神的に落ち着かなくなってしまうことがある。例えば，保育者を独り占めしようとしたり，自分に注目してくれないと保育者を叩くなどの暴力を振るったりして，保育者の気を引こうとする子どもがいる。反対に，家庭で保護者の顔色を見ながら生活していることから，園でも保育者の顔色をうかがって自信なく行動していたり，保育者や友だちに自分からかかわろうとしなかったりする子どもがいる。保護者の子育ての負担は子どもに転化する。子どもは親に負担をかけまいとし，親は親で子どもに負担をかけまいとし，よりいっそう負担を増大させる可能性がある。保護者が困難なことを保育者ができる範囲でやること，やろうとすることを考えてほしい。

事例9－3

　Cちゃんの家庭は，母親がうつ病である。そのため，園としてCちゃんがけがをしても母親に伝えずに対応してきた。しかし，新規で働き出した臨時職員が，うっかりCちゃんの母親に，Cちゃんが友だちとけんかしたことやそれによってCちゃんもけんかの相手もかすり傷をつくったこと，また必要な持ち物の忘れがあったことを伝えてしまった。するとCちゃんの母親は急に暗い表情になり，うつむいて，「……すみませんでした」と一礼すると，Cちゃんを連れてそそくさと帰っていった。

◆支援のポイント

　うつ病の保護者の中には，「私さえしっかりしていれば」「みんなと一緒に活動できないのは，私がきちんとしていないからだ」と自責の念にかられる人がいる。自分がきちんとしつけをしていなかったために子どもに問題が生じたのだと考え，自分を責めてしまうのである。しかし，保護者を「落ち込ませてはいけない」と考えて，子どもの問題を何も指摘しないのはよくない。もし，保育者以外からその情報が保護者の耳に入ると，「先生は私がちゃんとしていないから，話してくれなかった」などと考え，より落ち込んでしまいかねないからである。

　そこで，保護者に伝えなくてはならない内容の程度を3段階ぐらいに分けたらどうだろうか。「絶対に伝えるべき内容」「できれば伝えた方がよい内容」「当面，伝えなくても支障がない内容」に分け，保護者の気分によって，伝える内容を変える。「絶対に伝えるべき内容」には，子どものけがや病気，友だちにけがをさせたことなど，「できれば伝えた方がよい内容」には友だちとの間でのちょっとしたいざこざ，園でのあまり好ましくない言動など，「当面，伝えなくても支障がない内容」には，家庭でも練習する機会があればやってほしいことや家庭で気を付けてほしいことなどに整理することができる。保護者がひどく落ち込んでいる状態の時には，「絶対に伝えるべき内容」のみにし，他の内容については，保護者の体調を気遣いながら，保護者の子育てがよりよくなる内容も添えて伝えるとよい。

4．外国にルーツをもつ家庭

外国にルーツをもつ家庭とは，両親またはいずれか片方が外国出身者である家庭をいう。いじめや差別・偏見にさらされやすく孤立しやすいことが知られている。また，保護者の就労状況が不安定で経済的に苦しむ家庭も少なくない。しかし，こうした環境におかれた乳幼児を保育所等に受け入れるガイドラインはほとんどなく，保育者が試行錯誤しているのが現状である。

外国にルーツをもつといっても，さまざまなスタイルがある。父母のどちらかが日本人である場合には家族からのアドバイスを受けることができるが，両親とも外国にルーツをもつ時は誰に頼めばよいのかわからないなど，困り感が異なる。このまま日本に永住するつもりなのか，数年後には母国へ帰る予定なのかによっても考え方や不安は異なってくる。保育者は外国にルーツをもつ保護者がおかれている環境にも着目しながら，ニーズに合った支援をしていかなければならない。

外国にルーツをもつ保護者が抱える園生活の不安には，日本語を理解していない，話せないという言葉に対する悩みがある。入園する際の書類の書き方などがわからない，園の方針などについて聞きたくても聞けないなど，言葉の壁があって園生活への不安を解消することができないでいる。特に移住してきたばかりの人は，日本の生活全般についてわからないことが多い。また，幼児期に母国を離れることによって子どもにどのような影響が出るのか，日本の保育所や幼稚園等に子どもがなじむだろうかという不安もある。もちろん，子どもをどのように育てたらよいのかという子育て不安もある。外国にルーツをもつ保護者への対応で，互いに意思疎通がうまくいかないケースとして，大きく「言語」「文化」「宗教」の3つがある。

事例9−4

外国にルーツをもつ家庭で育つDちゃん。入国したばかりで日本語がほとんどわからない。ある時，Dちゃんが保育中に友だちと接触して，ひざを擦りむいてしまった。かすり傷程度なので，Dちゃんのお迎え時にお母さんに何らかの方法

で伝えればよいと考えていたところ，Ｄちゃんの体調が次第に悪くなり，高熱を出してしまった。すぐＤちゃんのお母さんにお迎えに来てもらわなければならない。

◆支援のポイント

　保育中のけがや病気は，保育現場にはつきものである。外国にルーツをもつ保護者に園での様子や子どもの軽いけがについて説明する時に，ジェスチャーだけではわかりにくく，また出てくる日本語も難しいため伝わらないことがある。園で発生する子どものけがや病気は，主に「発熱」「下痢」「嘔吐」「擦り傷」などがある。また，けがなどの原因として，「遊具」「友だちとの接触」「転倒」などがある。事前に保護者の母語と日本語で，これらが書かれたカードを用意しておくとよい。

　電話だとジェスチャーが使えず，必要なことを伝えるのがより困難になる。保育者が説明するのも，保護者が説明を理解するのも時間がかかるため，迎えが遅くなってしまいかねない。そこで事前に，保育中に電話するのはどういう時か，どのような内容のやり取りをする必要があるかを伝えておく。加えて，とても急いで迎えに来てほしい場合，１時間以内に迎えに来てほしい場合など，どのような言葉を使って連絡するのかを入園時に決めておくと，保護者もいざという時に落ち着いて行動ができる。

　その他，言葉の問題を回避するためには，「緊急性がある内容」「緊急性はないが細かく説明が必要な内容」「時間をかけて少しずつ理解してもらえばよい内容」の３つに分けて対応するとよい。

５．関連機関との連携・協働

　貧困家庭，虐待の疑いがある家庭，保護者が精神障害や疾病を抱える家庭，外国にルーツをもつ家庭の４ケースの支援を考察してきた。これらを重複して抱える家庭の困難もある。子どもの虐待研究で明らかにされたことは，虐待の背景に，貧困家庭や保護者が精神障害を抱える家庭が多いという事実である。

　これらのケースのすべてに保育者が対応するのはきわめて困難である。ゆえ

に，貧困家庭のケースで述べたように，職員全員で保護者支援を進めるという姿勢が求められる。加えて，各事例では論じなかったが，どのケースにおいても他機関との「連携・協働」が支援の前提にされなければならない。福祉事務所，市町村，児童相談所，保健所などの公的機関だけでなく，必要に応じてNPOや任意団体とネットワークを組むことが求められる。「要保護児童対策地域協議会」はそのためにつくられた組織である。このような保育者による「連携・協働」を円滑に進めるためにも，今後は，乳児院や児童養護施設等に配置されている「家庭支援専門相談員（ファミリーソーシャルワーカー）」のようなソーシャルワーカーの配置が，保育所にも求められる。

■引用文献

1）小西祐馬（2016）子どもの貧困の定義とイメージ図の試み．松本伊智朗他編：子どもの貧困ハンドブック，p.12, かもがわ出版．

第10章
子どもを取り巻く生活環境と心身の健康

1．基本的生活習慣

　基本的生活習慣とは，子どもが自立し，社会生活を営む上で最も基本となる生活行動であり，食事，排泄，衣類の着脱，清潔，睡眠をいう。乳児期から幼児期は，これら基本的生活習慣を確立する重要な時期であり，それには子どもの生理機能の発達，運動機能（粗大運動，微細運動）の発達，意欲・関心，そして環境が大きく関連する。すなわち，基本的生活習慣の確立への支援では，子どもの発達の状況を知ること，発達の状況と子どもの意欲・関心に合わせてできることを段階的に広げること，それらを安心して学び経験できる環境を整えることが重要となる。

（1）食　　事
　子どもの栄養は，「何を，どれだけ」食べるか（栄養の質と量，エネルギー量，食物の形態）と，「どのようにして」食べるか（食行動）の視点から考える必要がある。2007（平成19）年に公表された「授乳・離乳の支援ガイド」（厚生労働省）では，生活習慣病予防の観点から，小児期に望ましい食習慣を身に付けることの重要性が明記され，また，食育の観点から，食べ方にポイントがおかれている。
　この「何を，どれだけ」「どのようにして」には，前述した子どもの発達が大きく影響する。例として咀嚼機能の発達をあげると，生後しばらくの間，乳児は乳汁栄養のみを摂取しているが，これには**探索反射**（口の周辺に触れた乳首を口唇でとらえようとする反射）や，舌の連続的な前後運動による**吸啜**

反射が関連している。これらの反射が生後4～5か月で消え始めることと，舌の運動が上下，左右に拡大することにより，乳汁のみではなく形のあるものを咀嚼（モグモグ）し嚥下（ゴックン）する準備ができる。すなわち，離乳食を摂取する準備が整うのである。

　離乳の開始とは「なめらかにすりつぶした状態の食物を初めて与えた時」をいい，生後5～6か月頃が適当である。離乳食は子どもの咀嚼や消化の能力に合った形態（固さ，大きさ），量（1日1品1さじから始める），調理法（薄味にする）のものを与える。また，離乳完了とは「形のある食物をかみつぶすことができるようになり，エネルギーや栄養素の大部分を母乳または育児用ミルク以外の食物からとれるようになった状態」を指し，生後12か月から18か月頃が目安となる（図10-1）。

　離乳が完了し幼児食に移行すると，「どのようにして」食べるかの比重が大きくなる。この頃になると，大人と同じ内容の食事を取り分け，固さや大きさを調整すれば食べられるようになるが，自分で食べるには，まだ手指の細かい運動（巧緻性）が未熟であり，手と口の動きをうまく協調させることも難しく，こぼすことが多かったり，食具（スプーン，フォーク，はしなど）をうまく持てず，手づかみで食べたりする。初めのうちは上手に食べられなくても，汚してもよい環境を整え，自分で食べたいという意欲を尊重して食べさせることが重要であり，この段階を経て，手助けなしに1人で食べる行動が確立する。

　2，3歳くらいからは，集団で食べる機会の中で，食事の挨拶や片付けなどのマナーを学び，周りの人と楽しく食べる経験を重ねていくことが大切である。このことは，社会的意味をもつ食事（**社会食べ**）の発達につながる。

（2）排　　泄

　排泄の自立，すなわち「尿意・便意を感じ，トイレに行き1人で用を足し，後始末をして手洗いをする」という一連の動作ができるためには，脳神経系の発達，生理機能の発達，運動機能の発達，情緒の発達，清潔観念の発達，社会性の発達などが深く関与する。排泄のしつけ，いわゆるトイレットトレーニングは，生理機能が整ってから開始するが，トレーニングを始める前から適切なおむつ交換を行い，臀部（でんぶ）の清潔感や爽快感を体験することには意味がある。排

1．基本的生活習慣　　105

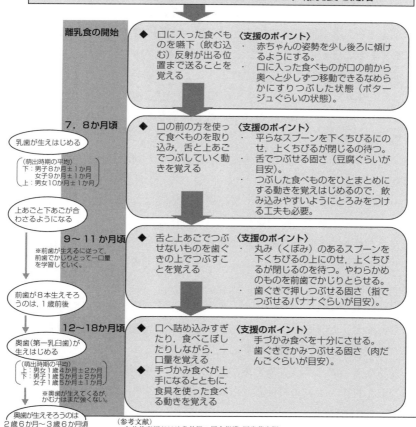

図10-1　咀嚼機能の発達の目安について

［厚生労働省（2007）授乳・離乳の支援ガイド］

泄の自立には個人差が大きいため，無理なしつけはしない。

1）排　　尿

排尿機能は，膀胱が尿をためること（蓄尿）と尿意を感じて尿を体外に出すこと（排尿）からなり，これには膀胱容量の発達，筋肉を支配する神経の発達，尿意を感じる脳の機能の発達が関与している。1歳くらいまでは膀胱に尿がたまると反射的に排尿する状態であるが，徐々に膀胱に尿が充満した時に尿意を感じて排尿が起こるようになる。2歳くらいからは排尿を抑制するメカニズムが発達し，3歳くらいになると，覚醒中であれば「トイレに誘導した時に排尿をする」ことができるようになり，排尿行動が自立してくる。睡眠中や遊びに集中している時には漏らしてしまうこともあるが，4，5歳頃からはこれらの回数も減少してくる。なお，「5歳以降の子どもの睡眠中の夜尿（おねしょ）で，1か月に1回以上の夜尿が3か月以上続くもの」は夜尿症と呼ばれる。

2）排　　便

便が直腸に到達し，直腸壁が伸展されると，その刺激が神経を通じて大脳に伝わり，便意を生ずる。これにより，直腸の収縮と肛門括約筋が統合的にコントロールされ，排便が行われる。乳児期より便意による随意的な排便が行われており，1歳過ぎ頃から排便を自覚するようになる。1歳半から2歳くらいでは母親など周りの人に動作や言語で便意を知らせるようになる。3歳くらいになると排便行動が徐々に自立し，4歳以降では1人でトイレに行き排便して後始末もできるようになる。

乳児，幼児では月齢，年齢によって食事の内容（母乳・育児用ミルク，離乳食の形態など）が異なるため，便の性状や回数は異なる。乳児では月齢が小さいほど排便回数が多く，母乳栄養の乳児と育児用ミルクを摂っている乳児では便の性状も若干異なる。食事形態が進むにつれて排便回数は減少し，幼児ではおおむね1日1〜2回の排便となる。

（3）衣類の着脱

1歳くらいになると，靴下や帽子を引っ張って脱いだり，スカートやズボンを足首まで脱いだりするようになる。2歳くらいでは，洋服を自分で脱ぎたがるようになり，靴下や靴を自分で履けるようになる。巧緻性の発達に伴い，ボ

タンをはずしたり留めたりするような複雑な動作ができるようになり，着脱が自立していく。

　これらの動作は，単に運動発達に沿ってできるのみではなく，日頃，周囲の人に着替えをさせてもらっている中で衣服に関心をもち，自分でやってみたくなることで自立が促される部分が大きい。左右や前後という概念の発達が未熟なため，靴を左右逆に履いたり，上衣を後ろ前に着たりすることもあるが，子どもが自分でやりたい気持ちを尊重し，上手にできない部分を手伝いながら，達成感をもてるようかかわることが大切である。

　子どもはある一定の年齢になるまでは，環境に応じて自分で衣類を調節することが難しいため，外遊びなどの際には子どもの様子を見て，上着を着ることや脱ぐこと，汗をかいたら着替えを促すことなどが必要となる。乳児では，気温・室温や湿度などの環境にも注意を払い，衣類や掛け物を調節する。

(4) 清　　潔

　手洗いは食事や排泄の行動と合わせて，周囲の大人がやってみせつつ，子どもが模倣し習慣としていく環境を整えることが重要である。上手に洗えなくても，例えば，食事の前に洗面所に行く，石けんをつけた手をこすり合わせる，手を水で流すなどの動作を繰り返すことで，食事の前に手を洗うことが習慣となっていく。

　うがいと歯磨きも，日常生活の中で獲得していく清潔行動である。口腔内を洗浄するブクブクうがいは，口腔機能，呼吸機能，摂食嚥下機能等が関連する複雑な動作であり，3，4歳くらいからできる子どもが増えてくる。これも親や周囲の大人がやっているのを見て，水を口に含んで吐き出す動作をまねることから始め，徐々にブクブクとできるようになる。歯磨きは，歯ブラシを口腔内に入れることから始め，歯ブラシを持つ，周りの人のまねをして歯をこするという段階を経て，実際に清潔を保つ行動が確立する。自分で磨けるようになった場合でも，少なくとも幼児期の間は大人による仕上げ磨きが必要である。これらも手洗いと同様，外遊びから帰ってきたらうがいをする，食事の後は歯磨きをするといった，他の行動と組み合わせて体験を積み重ねることで習慣となっていく。

（5）睡眠と日常生活リズム

　人間は脳の視交叉上核の体内時計により，**生活リズム**を調整している。この調整には，睡眠覚醒や体温，成長ホルモンをはじめとする内分泌系の調整も含まれている。睡眠は生命維持のために，また，覚醒時に正常な脳活動を行う上で必要不可欠なものである。

　年少児ほど多くの睡眠時間を必要とする。生後１，２か月は，哺乳時間以外はほぼ睡眠しているが，生後３か月頃より１日24時間の概日リズムが確立して，１歳頃には昼夜のパターンが確立する。この時期は午前と午後に午睡（昼寝）をすることが多いが，１歳半以降になると午睡の回数が１回となり，４歳以降になると午睡をしない子どもも多い。睡眠時間の長さは個人差があり，子どもの成長・発達や健康状態，活気などに問題がなければ様子を見ていてよい。

　睡眠の習慣のためには，就寝する時間を決め，それに向けて環境を整える。例えば，テレビを消す，照明の明るさを下げる，子どもが安心し落ち着けるものを用意するなどである。また，睡眠前にトイレに行く，歯磨きをする，寝衣に着替える，挨拶をするといった行動を促す。

　日常生活リズムは，それ単体で整えられるものではなく，個々の子どもの成長・発達の状況，健康状態，食事や排泄，日中の活動量や刺激，そして周りの環境に左右される。特に，家族や周りの大人の生活リズムに大きな影響を受けるため，家族の日常生活の状況を知りつつ，子どもにとって健康な生活リズムがつくれるよう，午睡の長さやタイミングを考える必要がある。

２．事故防止と安全確保

　子どもの死因統計によると，１歳から14歳までのすべての年齢階級で「不慮の事故」が上位となっている。これら死亡事故の背景には"死に至らない"事故が数多く起こっており，統計には含まれない，すなわち，医療機関等に受診せず家庭内で対応されている事故がさらに多く存在する。

　図10-2に，子どもの成長に沿った起こりやすい事故を示す。年少であるほど事故による身体への影響は大きく，特に０歳の事故では，死亡や重篤な状態につながる割合が他の年齢よりも多い。これは，乳児はまだ自分で危険回避が

2．事故防止と安全確保

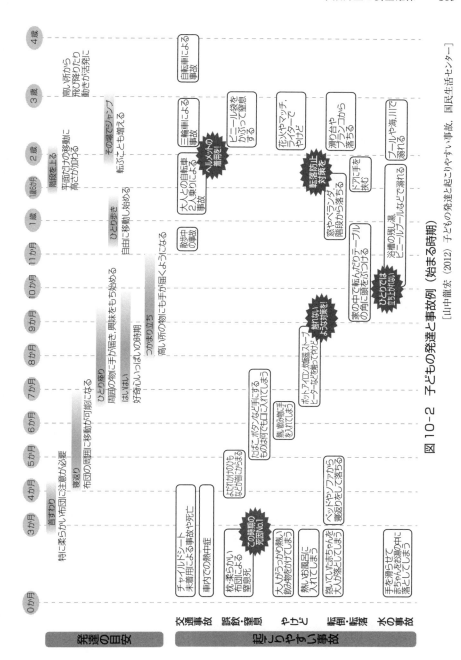

図10-2　子どもの発達と事故例（始まる時期）　[山中龍宏（2012）子どもの発達を起こしやすい事故，国民生活センター]

できない上に，身体の各機能が発達途上であることから，事故による身体への影響に対し脆弱であるためである。

　子どもの事故発生と事故防止対策は，子どもの身体発育・発達と密接に関係している。保育者は子どもの発達をふまえた事故防止対策を実施し，子どもの安全を確保するとともに，保護者に家庭での事故防止について指導・助言をする重要な立場にある。

　以下，日常生活の中で遭遇しやすい事故として，窒息，気道異物・消化管異物・誤飲，溺水，熱傷について述べる。

（1）窒　　息

　月齢の低い乳児では，まだ自分で頭や身体を動かすことができないため，うつぶせ寝，やわらかい寝具やクッション，ぬいぐるみなどにより**窒息**が起こりうる。大人が見ていない状況ではうつぶせ寝を避け，身体や頭が沈み込むような素材の寝具，クッションなどを使用しないこと，乳児の頭の近くに毛布やぬいぐるみなどを置かないことが重要である。

　このような形の窒息は，子どもの運動機能の発達に伴い減少するが，幼児後期になると，遊具で遊んでいる際に衣服のフード部分のひもやマフラー，自転車用のヘルメットのベルトなどが引っかかり，頸部が締まることによる窒息事故も起きている。子ども用の衣類については安全対策ガイドラインがつくられているが，高さのある遊具で遊ぶことを想定して，子どもの衣類や身に付けているものを確認し，予防する必要がある。

（2）気道異物・消化管異物

　気道異物や**消化管異物**は，生後6か月から3歳の子どもに起こりやすい事故である。これらの事故は，死亡や重篤な後遺症を残すなどの可能性があるとともに，除去するために全身麻酔下での手術や処置が必要となる場合も多く，子どもにとってつらい体験となる。

　子どもの発達は著しく，昨日まで届かなかったところに今日は手が届くといったことは少なくない。事故防止のために，子どもの発達の状態をとらえつつ，事故が起こる可能性を考えて環境を整えたり，子ども自身に注意を促した

りすることが必要である。

1）気道異物

　気道異物は，子どもが口に入れたものや嘔吐したものが気道に入り，とどまったものであり，1歳以降に発生が多くなる。

　異物の種類としては，ピーナッツなどのナッツ類，飴やグミ，こんにゃくゼリーといった食物の他，スーパーボールなどの小さな玩具，ボタン電池などもみられる。突然の苦悶様の表情，声が出せない状態，弱いせき込みや喘鳴（ゼイゼイとした呼吸）により気付かれることが多い。異物を取り出そうと口の中に指を入れることは，逆に異物を奥へ押し込んでしまう可能性もあるため，絶対にしてはならない。異物除去の方法として，乳児では**背部叩打法**，1歳以上の幼児では背部叩打法または**腹部突き上げ法（ハイムリック法）**を行う（図10-3）。

2）消化管異物・誤飲

　消化管異物は，電池，磁石，硬貨，小さなおもちゃ類，入浴剤，洗剤，酒

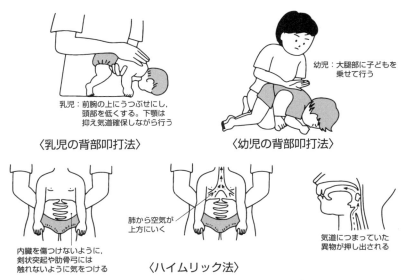

図10-3　背部叩打法とハイムリック法

［高橋泉（2018）異物除去．村松十和・岡本美和子編：子どもの保健，第8章，p.166，樹村房］

類，たばこなど多岐にわたる。飲み込んだものの性質によっては，身体に重大な影響を生じ，医療機関での早急な処置が必要となる。吐かせるかどうかは飲んだものによるため，「いつ」「何を」「どのくらい」食べた（飲んだ）のかを確認し，医療機関に問い合わせた上で対応する[1]。受診の際には，飲み込んだものの残りや，入っていた容器などを持参するとよい。

　特に酒類，たばこ，薬などを飲み込んだ場合には，中毒症状が現れることがある。日常生活の中で，子どもが飲み込む可能性があるものを片付ける，危険なものは子どもの手の届かない場所に保管するといった行動を習慣付けることが重要である。

（3）溺　　水

　溺水（おぼれる）は1歳前後から2歳くらいに多く発生し，死亡や重度の障害につながる率が高い。この時期の溺水事故のほとんどは，家庭内の浴室で起こっている。開いていたドアから子どもが浴室に入り，浴槽の中に落ちてしまうケース以外に，大人が一緒に入浴中，洗髪等のためにほんの2，3分目を離したところ溺れたという報告もみられる。自宅浴槽での溺水事故の防止には，①子どもが1人で浴室に入らないよう工夫する，②残し湯の習慣をやめる，③子どもと一緒に入浴している際には絶対に目を離さない，という点が重要である[2]。洗濯機やバケツ，ビニールプールなどでも溺水は起こるため，これらに水をためておくことがないようにする。

　年齢が高くなると，川や池，プールなど，屋外での溺水事故の割合が多くなる。地域の中で子どもが近寄ると危険な場所を知り，子ども自身や家族に注意喚起をすることが必要である。プールでは大勢の人の中で子どもの動きが見えづらくなるため，幼児では大人がそばにいて目を離さないようにする。

（4）熱傷（やけど）

　熱傷の事故は0歳後半から2歳くらいまでに多い。ポット，炊飯器，暖房器具，調理器具，アイロンなど，日常生活用品に触れたり倒したりすることにより起こることが多い。直接触れる以外に，炊飯器などの蒸気に触れて受傷することもある。これらの用品は，大人が普段使用しているところを子どもが見て

興味をもち，まねをして触れてしまうことが予想されるため，電気コードやスイッチなどの部分も含め，子どもの手に届かないよう管理し，ロック機能があるものは必ずロックする。

熱傷が起きた場合には，まず，水道水やシャワーで受傷部位を冷やす。衣類を着ている場合は，脱がさずに服の上から冷やす。熱傷は範囲により重症度が決まる。目安として手のひらよりも広い熱傷の場合には，冷やした上で必ず医療機関を受診する。

■引用文献
1）日本小児看護学会・健やか親子21推進事業委員会（2012）子どもの事故防止ノート．(http://jschn.umin.ac.jp/files/201210_kodomonote.pdf，2018年8月22日）
2）長村敏生（2017）溺水．澤田淳・細井創編：最新こども保健，第12章，p.201，日本小児医事出版社．

第11章
子どもの心と健康

1. 子どもの心の健康の基礎知識

(1) 子どもの心の健康とは

心の健康とは，単に疾病がないというだけでなく，いきいきと自分らしく生きていける心の状態をいう。子どもの場合は，加えて年齢相応の認知機能の発達や自己の確立を遂げることも心の健康として評価される。また，子どもは心と身体の分離が難しいため，心の健康状態は身体症状や行動および生活習慣の様態で表されることが多い。

エリクソン（Erikson, EH）[1]の「人間の八つの発達段階」によれば，乳児期には，摂食時に示すくつろぎや睡眠の深さ，便通のよさなどに最初の基本的信頼が示される。幼児期前期には，筋肉や神経の発達を背景に，排便・排尿などに象徴されるような自分をコントロールする力を獲得する。**自律性**の獲得である。幼児期後期には，それまでより積極的，挑戦的に新しいものに接近していくようになる。**自発性**の獲得である。学童期には，学校という場で自分が必ずしも欲していることでないもの（勉強や掃除など）にも勤勉に取り組む力をつけていく。**勤勉性**の獲得である。子どもの心の健康については，これらの**心理社会的危機**を経て自己の確立ができることにも視点をおく必要がある。

表11-1はDSM-5（Diagnostic and Statistical Manual of Mental Disorders：精神障害の診断と統計マニュアル第5版）で示された児童青年期の精神科疾患を示す[2]。神経発達障害やうつ病，不安障害などの他に，食事や排泄，睡眠などの生活行動に関する障害もあげられている。また，破壊的衝動コントロールと素行障害は，養育環境から大きな影響を受けて発症するものと考えられる。

表11-1　DSM-5における児童青年期の精神科疾患

神経発達障害	排泄障害	性違和障害
・知的障害	・遺尿症	・子どもの性違和障害
・コミュニケーション障害	・遺糞症	**破壊的衝動コントロールと素行障害**
・自閉症スペクトラム	・その他の排泄障害	・反抗挑戦性障害
・注意欠如・多動性障害	**睡眠覚醒障害**	・間歇性爆発障害
・特異的学習障害	**睡眠時異常行動障害**	・素行障害　児童期発症型
・運動障害	・非レム睡眠覚醒障害	青年期発症型
発達性協調運動障害	夢中遊行型	・反社会的人格障害
常同的運動障害	夜驚型	・放火癖
チック障害	・悪夢障害	・窃盗癖
トゥレット障害	**うつ病**	・その他の破壊的衝動コントロール
固執運動性，	・重度気分調整不全障害	障害
言語性チック障害	**不安障害**	**臨床的に注目されるその他の状況**
その他のチック障害	・分離不安障害	家族関係，育ちの問題，虐待など
・その他の神経発達障害	・選択性緘黙症	
栄養補給と摂食障害	**強迫および関連障害**	
・子どもの異食症	・抜毛癖	
・反芻症	・皮膚引っ掻き症	
・制限された食物摂取障害	**トラウマとストレス因子関連障害**	
・拒食症	・反応性愛着障害	
・過食症	・脱抑制社会関係障害	
・食べ吐き症	・PTSD（6歳以下の）	
・その他の栄養摂取と摂食障害	・適応障害（児童青年期の）	

（2）子どもの心の健康問題の成り立ち

　子どもの心の健康問題に影響する要因として，遺伝子の影響と環境の寄与が考えられている。遺伝的な影響は子どもの気質などに現れる。また，環境には家庭や保育所等も含めた養育態度や養育環境が含まれ，さらに，**情動体験**やライフイベントも大きな位置を占めている。

　図11-1は子どもの心の発達と心の健康問題の成り立ちを示している。遺伝的な要素の強い気質や養育態度，養育環境ならびにライフイベントの影響を受けながら，子どもの心は発達を続ける。その中で，その子らしさ，すなわち性格が形づくられ，人格が形成されていく。また，ストレスに対処していく能力も発達する。一方で，精神疾患の発症脆弱性が高まる場合もある。精神疾患に

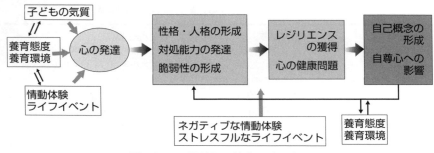

図11-1　子どもの健康の成り立ち

罹患しやすい素因に加えて強いストレスにさらされ続けたり，情動が安定できるような環境でなかった場合には，精神疾患への罹患しやすさを示す発症脆弱性が高まると考えられている[3]。例えば，近親者にうつ病をもつ者がいる場合，ライフイベントの影響を強く受けた時にうつ病を発症しやすい。同じ環境下でも脆弱性の遺伝子をもっているかいないかで個体に及ぶ影響が異なる。また，この脆弱性は，適切な養育環境で改善される可能性が示唆されている。このようにネガティブな情動体験が必ず心の健康問題を引き起こすとは限らない。脆弱性が低い場合にはレジリエンスの獲得につながる場合もあり，そして自己概念や自尊心の発達に影響していく。例えば，不安の強い気質をもち，養育環境の中でその不安傾向が高まっている子どもは，ちょっとした友だちからのネガティブな言動で登校しぶりが始まるような場合もある。心の健康を，成り立ちという観点で総合的にとらえる必要がある。

1）子どもの気質と親の養育態度

　気質とは，生得的で体質的な基盤をもつ個人の行動特徴であり，遺伝的要因の影響が強く，固体で一貫性をもつものと考えられている[4]。トーマスとチェス（Thomas, A & Chess, S）[5]は，乳児期初期から子どもの反応には個人差がみられるとし，その行動特徴を，活動水準，周期性，接近性，順応性，敏感性，反応強度，気分の質，気の散りやすさ，注意の範囲と持続性という9つに分類した。順応性が低く大泣きをしたりしがちな子どもは，母親に扱いにくい子どもと感じさせて，母親の子育てに直接影響するため，気質と養育態度はお互いに影響を及ぼし合っていると考えられる。

2）情動体験とライフイベント

　情動体験には喜びや幸せなどのポジティブな情動体験と，不安，困惑，恐怖，嫌悪，恥，苦しみ，悲しみ，怒りのようなネガティブな情動体験がある。もちろん心の健康において，ポジティブな情動体験はいい影響を与え，ネガティブな情動体験は悪影響を与える。子どもはネガティブな情動体験に上手に対処できないと，身体症状や問題行動につながりやすい。

　ライフイベントとは，生活上のさまざまな出来事をいい，入園や入学などその後の人生に影響のある大きな出来事をいう。中でも子どもの心の健康を考える上で，ネガティブな情動体験を伴うライフイベントが重要である。例えば，母子分離体験や両親の離婚，きょうだいの病気などは子どもがつらい体験をすることが多く，注意を要する。また，転居や転園なども新しい環境への順応性によってはネガティブな情動体験になることがある。その他に，地震や水害などの災害を契機に心の問題が表面化してくることもあるため，子どもがどのような情動体験をしているかという視点でみることが必要である。

（3）ストレスと子どもの対処行動

　子どもがストレスを受けた時，どのような反応を示し，どのように対処しているのだろうか。ここでストレスとは，身体的・心理的両面に及ぼすものを考えておく必要がある。寒冷や空腹，痛みなどは身体的なストレスでもあるが，心理的にも大きな影響を及ぼすからである。

　子どものストレス反応は，身体的・情動的・知的な側面でとらえることができる。身体的には，心拍数が増え，血圧が高くなり，消化器症状（腹痛，下痢，嘔吐など），頻尿，風邪などの感染症にかかりやすくなる，その他不定愁訴と呼ばれる多様な訴えなどがみられる。情動的には，不安，怒り，不満，無気力などの反応がみられる。知的には，集中力の低下，創造性の欠如，不注意などがみられる。

　これらの反応をもたらすストレスに対して，子どもは自覚の有無にかかわらず対処しようという働き，すなわち**対処行動**を起こす。子どもに多くみられる対処行動として，泣き，退行（赤ちゃん返り），他者や時に自分への攻撃，逃避，我慢，合理化，反動形成，代償などがみられる。急に赤ちゃん言葉を使う

ようになったり，攻撃行動が多くなったり，あるいは，ぬいぐるみを離さなくなったりする行動が増えた時には，何かストレスに対処しているのではないかという視点をもつことが必要である。

2．幼児期・学童期にみられる主な精神障害

幼児期・学童期にみられる主な精神障害を，事例を示しながら解説する[6)7)]。

（1）不安障害
1）分離不安障害

> **事例11－1**
> 　Aちゃん（5歳男児）はお父さんの転勤で幼稚園が変わり，その後お母さんがけがで入院していました。退院後からいつもお母さんについてそばを離れません。最初はお母さんと離れて寂しかったのかと思って様子を見ていましたが，2か月過ぎても落ち着くことはなく，最近では登園しぶりも激しく，送迎バスに乗ることができなくなりました。無理に引き離そうとするとお腹が痛くなってしまいます。お母さんと一緒じゃないと事故にあってしまうかもしれないとか，誘拐されるかもしれないと本気で心配しています。

分離不安障害は小児期に発症し，愛着対象から分離することに過剰な不安や恐怖を示すもので，それは年齢不相応のものである。重要な愛着対象を失うかもしれない（病気，災害など）という過剰な心配，分離されると自分に運の悪い出来事（事故や誘拐）が起こるかもしれないという心配，分離されることが予想されると身体症状等を引き起こすことなどがあり，分離不安があることで社会的・学業的な機能の障害（**不適応行動**）を引き起こしている。その期間が小児では4週間以上持続している状態である。背景に乳児期からの愛着障害がある場合が多い。不安障害の一つであるため，本人の安心感を構築することが必要であるが，不適応行動が著しい場合は，薬物療法や環境調整が必要になるため，専門機関への紹介をすすめる。

2）選択性緘黙症

> **事例11－2**
> Bちゃん（3歳女児）はお母さんに連れられて病院を受診しました。「こんにちは」と声をかけても目を合わせることもなく、下を向いたり上を向いたりしています。お名前はと聞くと首をかしげながらお母さんの顔を見るばかりです。お母さんから家の中ではおしゃべりをするし普通なのに、幼稚園では他の人とは一切話をしないこと、生活発表会なども参加できないことが話されました。よく話を聞いてみると、近所の人とも話をしたことがないそうです。

選択性緘黙症（かんもく）は、特定の場面（幼稚園等）で話すことができず、そのために幼稚園等の活動やコミュニケーションを妨げているものである。しかし、言語や知能に障害はみられない。持続期間は少なくとも1か月以上である場合に診断される。発症時期は5歳以前、3歳頃が多いといわれている。不安障害に分類されているが、発達障害が存在する場合もある。

（2）強迫性障害

> **事例11－3**
> C君（8歳男児）は、いつの頃からか本棚の本の並べ方が気になるようになりました。本が順番に並んでいないと気がすまないのです。順番が崩れるのを嫌がって本棚から本を取り出すことができません。図書室に行っても本棚の本を並べるために、とても多くの時間を使います。また、妹が触ったものを汚いと思うようになりました。テレビのリモコンでも何でもふき取ったり触らせないようなところに仕舞い込んだりしています。

強迫性障害は思春期の発症が多く、強迫観念と強迫行為、またはその両方で規定される。繰り返される持続的な思考、衝動、イメージで、それに強い不安や苦痛を感じて何かの思考や行動で中和させようとする。強迫観念や強迫行為のために時間をかけ、社会的・学業的な機能の障害（不適応行動）を引き起こす。治療としては、認知行動療法と薬物療法が最も効果的と考えられている。

(3) 心的外傷後ストレス障害（PTSD）

> **事例11－4**
> 　Dちゃん（7歳女児）は公園で遊んでいる時に，興奮して飼い主の手を離れた大きな犬に襲われました。身体を何か所かかみつかれて重症を負い，入院治療を受けました。退院後1か月以上過ぎたのに，小さな音に敏感に反応して怖がり，1人でトイレにも行けず，夜もなかなか寝付けません。怖い夢を見たと泣きながら起きてきます。小犬も怖がり，また，襲われた公園に近付くことがとても怖くて，公園で遊ぶことはなくなりました。

　心的外傷後ストレス障害（PTSD）は，危うく死ぬ，重症を負う，性的暴力を受ける出来事を体験することでもたらされる特徴的な症状であり，**フラッシュバック**のような再体験，心的外傷に関連するものを回避しようとする回避症状，覚醒亢進症状，分離不安など，外傷的出来事以前には存在しなかった行動がみられ，その症状は1か月以上持続する。外傷的出来事に遭遇した子どもの30％前後にPTSDがみられるといわれている。PTSDでは，心身の安全を確保することが最優先であり，規則正しい安定した生活を送ることが重要である。また，必要な時には遊戯療法やリラクセーション，薬物療法をすすめる。

　また，外傷的出来事の後3日から1か月以内の特徴的な症状については，**急性ストレス障害（ASD）**といわれる。

（4）う　つ　病

> **事例11－5**
> 　Eちゃん（8歳女児）は，何事にもまじめに取り組む子どもでした。最近，朝なかなか起きてこなくなり，起こしてもボーッとして，着替えや朝食も進まず，学校も休みがちになりました。何にもやる気がなく「どうせ私なんか」とすぐ言います。夕方は少し元気になるので，周囲からはサボッているのではないかと思われています。イライラしていることも多くなりました。夜はなかなか寝付けず，遅くまで起きています。

　うつ病は，ほとんど毎日，ほとんど1日中抑うつな気分が存在するが，子ど

もはそれを自覚し言葉で表現することができないため，身体の不調や行動に現れることが多い。また，過小評価されがちである。以下の症状のうち5つ以上（①か②を含む）が2週間以上存在することが診断基準となる。

①ほとんど毎日，1日中続く抑うつ気分（イライラした気分もありうる）
②ほとんど毎日，1日中続く興味または喜びの減退
③食欲減退または増加
④不眠または睡眠過多
⑤精神運動性の焦燥または制止
⑥易疲労性または気力の減退
⑦無価値観または過剰で不適切な罪責感
⑧思考力・集中力の減退
⑨死への願望，自殺念慮，自殺企図

子どものうつ病は，単独で出現するよりも**注意欠如・多動性障害（ADHD）**，不安障害などと並存して出現することが多い。基本的な治療は薬物療法であるが，子どもを見守りながら休息をすすめ，励ましなど干渉的になりすぎないことが必要である。

（5）排泄障害：遺尿症，遺糞症

> **事例11－6**
> F君（6歳男児）は，知的発達に問題はないのに，小学校に入学しても排泄の自立ができていません。排尿の声をかけても「したくない」と言うのですが，しばらくするとパンツにしてしまいます。毎晩1回はおねしょもしています。小学校に入ってからは友だちから臭いと言われることもありますが，登校を嫌がることはありません。排便は学校から帰ってきてからやはりパンツにしています。

遺尿症は，5，6歳を過ぎてもベッドまたは衣服に反復性に排尿するものであり，週2回以上の頻度で少なくとも連続して3か月以上持続する。排尿はほとんど不随意的だが，時に意図的である。排尿の自立が確立されたことのない原発型と，確立された時期の後に現れる続発型がある。過活動膀胱等の機能障害や不適切なトイレットトレーニングや過度の精神的ストレスが成因となる。

時に糖尿病などの多尿が要因となっていることもあるため注意が必要である。対応として，薬物療法や生活指導，保護者のカウンセリングがあげられる。

遺糞症は，4歳以降に不適切な場所（衣服または床）に大便を反復して出すもので，少なくとも3か月，少なくとも毎月1回ある状態である。ほとんどは不随意的だが，時に意図的である。排便の自立が確立されたことのない一次性と，確立された時期の後に現れる二次性がある。常習性の便秘や軟便・頻便傾向や，不適切なトイレットトレーニングや過度の精神的ストレスが成因となる。対応として，排便の改善のための食事療法や薬物療法，子どもの精神療法，保護者のカウンセリングがあげられる。

（6）その他子どもにみられる障害
1）チック障害

> **事例11－7**
> G君（7歳男児）は，3歳の頃から空咳をするようになりました。少し経過して瞬目や鼻すすりが出現しました。5歳になると目を見開いたりクルクル回したり，首や肩の動きが出てきました。この動きはひどくなったり軽くなったりを繰り返し，小学校に入っても続きました。家庭では食事の時に激しくなることから，いつも注意を受けていました。学校で友だちにその動きをまねされたりして，学校に行きたくないと言い始めたので病院を受診しました。

チックとは，突発的，急速，反復性，非律動性の運動または発声である。運動チックと音声チックの両方が疾患のある時期に存在したことがあるものを**トゥレット障害**といい，共にみられることのないものを持続性運動チック，または音声チックという。いずれも最初にチックが始まってから1年以上持続し，発症年齢は18歳未満のものをいう。不快なストレスや楽しい興奮が短期間のチックの増強と関係することがある。運動性チックの出現部位については顔面，頸部，肩，上肢，躯幹，下肢に分けられ，末梢のチックの方が重症と考えられている。音声チックは，鼻をすするや咳払いから，奇声，反響言語や反復言語，汚言の順で重症になる。チックの発症は通常4〜6歳であり，重症度のピークは10〜12歳の間にあり，青年期から減弱するといわれている。トゥレッ

ト障害では20～40％程度にADHDが併存する。チックのために学校や家庭での生活が障害される場合には薬物療法を行う。

2）転換性障害（身体表現性障害）

> **事例11－8**
> 　Hちゃん（8歳女児）は，右手の脱力感があり，鉛筆を持つことができなくなりました。1学期の仕上げのテストが始まる直前でした。次第に両手の脱力と痛みが続くようになり，近くの整形外科を受診しましたが，特に異常所見はみられず，神経内科を受診するようにすすめられましたが，そこでも異常所見はないとのことでした。夏休みに入ると症状は軽減し治ったようにみえました。しかし夏休みが終わり，2学期が始まるとまた同じような症状が出てきたために勉強ができなくなりました。

　身体表現性障害とは一般に，身体疾患を示すような身体症状が存在しているが，身体疾患や他の精神疾患では説明できず，心理社会的要因によって心身の調和を崩し引き起こされていると推測され，その症状が著しい苦痛や適応障害をきたしているものである。DSM-5では「身体症状症および関連症群」と改められた。その群に含まれる**転換性障害**の診断基準として，①随意運動または感覚機能の変化の症状があり，②その症状と精神疾患や他の医学的疾患と適合しないことを裏付ける臨床所見があり，③その症状は医学的疾患でうまく説明されず，④臨床的に意味のある苦痛や社会的に重要な領域の機能の障害を引き起こしていることがあげられている。症状として，脱力や麻痺，異常運動，嚥下障害，発話症状，知覚麻痺，感覚症状など多彩なものがある。6か月以上症状が現れているものを持続性という。かつては転換ヒステリーと呼ばれていた。子どもはストレスを言語化する力が未熟で症状が身体化しやすい。子ども自身がうそをついているわけではないため，仮病とは区別される。また，身体的疾患を見逃して心理的なものとして対応することは避けなければならない。

　対応としては，ストレスを緩和できるような環境調整や心理療法があげられるが，不安障害やうつ病の併存症として現れることもあり，薬物療法が有効な場合もある。

3）反抗挑戦性障害

> **事例11－9**
> I君（6歳男児）は，気に入ったおもちゃを買ってもらえないとすぐかんしゃくを起こします。いつまでもひっくり返って大きな声で駄々をこねています。お母さんに反抗的で，「買い物に行こう」と誘っても嫌がり，かといって「留守番しててね」と出かけようとすると，「僕なんてどうでもいいんだ」とすねてしまいます。出かけようとするお母さんの行く手をさえぎって邪魔をしたり，自分の失敗をお母さんのせいにしたり，こんな状態が半年も続いているので，お母さんはほとほと困っています。

反抗挑戦性障害の特徴は，大人に対して，怒りっぽく／易怒的な気分，口論好き／挑発的な行動，または執念深さが持続することで，少なくとも6か月以上持続する。この症状は，家庭などの一つの限局した状況で起こるが，より重度の事例では複数の状況で起こりうる。養育の連続性の中断や，過酷で一貫しない，またはネグレクトに満ちた子育てが日常的にみられる家庭ほど有病率が高いといわれている。また，ADHDとの併存が60％程度みられる。ADHDの併存が認められない場合には，従来家庭内暴力と呼ばれてきた家族に限局した暴力行為を示す子どもであり，不登校の経過中に生じてくることも多い。

反抗挑戦性障害は，しばしば，素行症／素行障害の発症に先立っており，素行症／素行障害よりも重症ではなく，人や動物に向けた攻撃性や所有物の破壊，または盗みや詐欺などは含まれない。

対応として，子どもの発達特性，家庭環境，学校環境，その他重大なライフイベントなどを総合的に評価して，なぜ反抗挑戦的な行動に至っているのかを理解して対策を立てる。子どもの発達障害や気質などが親の養育態度に影響し悪循環となっている場合もあるため，原因を追究することよりも，どのような状態がパターン化されているのか理解し，子どもへの社会生活技能訓練（social skills training：SST）や親ガイダンス，学校等の連携等をすすめることが重要である。

3. 子どもの心の健康を保つために

　子どもがいきいきと自分らしく生きていくためには，認知機能の発達や自己の確立を遂げ，肯定的な自己概念を形成し，安定した生活習慣を獲得することが重要である。それには，食生活や，睡眠・休息など毎日の生活を安心・安定して過ごすことが基盤となる。

　また，悲しいことやつらいことだけに満ちた毎日ではなく，楽しく温かな交流のある生活が必要である。子どもにとって楽しく自発性の発揮できる遊びは，心の健康にとっても欠かすことはできない。さらには，ネガティブな情動体験を伴う大きなライフイベントには，心の癒やしが必要である。

　子どもがどのような体験をし，どのような心の発達を歩んでいるのかをよく理解し，必要なタイミングで手を差し伸べられるようにしたいものである。

■引用文献

1) エリクソン,EH（仁科弥生訳）(1977) 幼児期と社会 1，みすず書房．
2) 森則夫他（2014）臨床家のためのDSM-5 虎の巻，日本評論社．
3) 神庭重信（2006）ストレスから精神疾患に迫る：海馬神経新生と精神機能．日本薬理学雑誌，128，3-7．
4) 武井祐子・寺崎正治（2003）乳児期における「気質」研究の動向．川崎医療福祉学会誌，13，209-216．
5) Thomas, A & Chess, S (1970) The origin of personality. *Scientific American*, 223, 102-109.
6) American Psychiatric Association (2013). (日本精神神経学会監修（2014）DSM-5 精神疾患の診断・統計マニュアル，医学書院）
7) 厚生労働省雇用均等・児童家庭局（2008）子どもの心の診療医の専門研修テキスト．(https://www.mhlw.go.jp/bunya/kodomo/kokoro-shinryoui.html)

第12章 障害のある子どもの理解と対応

1. 知的障害

(1) 知的障害とは
1) 診断名の変更

　知的障害とは，単一の疾患に基づく障害の名称でなく，主に知的な面の発達の遅れを総称したものである。かつてわが国では，教育や福祉の行政分野，法律などで「精神薄弱」という用語が使われていたが，差別や偏見につながることから，1999（平成11）年に法律，施設関係の名称が「知的障害」に変更されている。

　医学用語としては，世界保健機関（WHO）の「国際疾病分類（International Statistical Classification of Diseases and Related Health Probrem）第10版（ICD-10）」，およびアメリカ精神医学会（APA）の「精神疾患の診断・統計マニュアル（Diagnostic and Statistical Manual of Mental Disorders）第4版テキスト改訂版（DSM-Ⅳ-TR）」の診断名である"Mental Retardation"を直訳した「精神遅滞」が使用されてきた。近年，これらの診断基準が改訂され，DSM-5（第5版，2013年改訂）では，"Intellectual Disability (Intellectual Developmental Disorder)"，ICD-11（第11版，2018年改訂）では，"Disorders of Intellectual Development"と診断名が変更されている。日本精神神経学会による日本語の診断名は，"Disability"を「障害」，"Disorder"を「症」と訳し，DSM-5を「知的能力障害（知的発達症）」[1]，ICD-11を「知的発達症」[2]としている。

2）知的障害の定義

わが国の知的障害に関する法律である知的障害者福祉法では，明確な定義がないが，前述したWHOやAPA，およびアメリカ知的・発達障害協会（AAIDD）[3]の定義はほぼ共通しており，以下の3項目が含まれている。

① 知的機能が明らかに平均より低い（個別の知能検査の測定結果による）
② 社会適応行動スキルに制約がある
③ 発達期（18歳まで）に上記の状態が明らかになる

また，学校教育法施行令第22条の3では，知的障害者が以下のように規定されている。

1. 知的発達の遅滞があり，他人との意思疎通が困難で日常生活を営むのに頻繁に援助を必要とする程度のもの
2. 知的発達の遅滞の程度が前号に掲げる程度に達しないもののうち，社会生活への適応が著しく困難なもの

（2）知的障害の原因

知的障害の原因は，現在も特定できないものが多い。知能水準の低さ以外に身体的・精神的な異常や欠陥がほとんど認められず，特に医療の対象にならない場合は，生理的要因と考えられる。軽度・中度の知的障害であることが多く，単純型の知的障害とも呼ばれ，知的障害の原因の多くを占めている。

原因が明確なものとしては，病理的要因があり，遺伝因（内因）と外因に分けられる。遺伝因では，染色体異常（ダウン症など）や代謝性疾患（フェニールケトン尿症など）があり，外因では，出生前のウイルス感染や有害物質の摂取，周生期の無酸素症や頭蓋内出血，出生後の脳炎や髄膜炎，感染症などがあげられる。

さらに，心理社会的要因として，本来普通に生まれてきた子どもが，心理社会的に劣悪な環境（育児放棄や虐待など）で育てられたために知能の発達や社会性などが遅れるものもある。ただしこの場合は，適切な環境や教育により遅れを取り戻す可能性も大きい。

（3）知的障害の分類

　知的障害を診断・分類する絶対的な基準はなく，一般的な方法としては，標準化された個別式の知能検査（田中・ビネー，WISC-Ⅳなど）により測定された知能指数をもとに分類される。知能検査により算出される知能指数（IQ）は，平均値100，1標準偏差を15で標準化されており，2標準偏差以下のIQ70を境界として知的障害と診断されてきた。

　IQを基準にした知的障害の分類（重症度）は，DSM-Ⅳ-TRなどをもとに，軽度（IQ50〜70程度），中等度（IQ35〜50程度），重度（IQ20〜35程度），最重度（IQ20以下）の4つに大別されてきた[4]。

　2013（平成25）年に改訂されたDSM-5では，重症度評価の指標からIQ値が削除され，生活適応能力を重視した分類になっている。単にIQによる分類ではなく，主に学力領域（読み，書き，計算など），主に社会性領域（対人的コミュニケーション技能，言語理解・表出など），主に生活自立能力（買い物，食事，金銭管理など）に関して，それぞれ具体的な状況から重症度の判定を行う形に変更されている[5]。

（4）保育場面での援助

　知的障害の子どもは，周囲の人や物に対する興味・関心や反応が乏しく，自発的な活動が少ないため，さまざまな経験や学習をする機会も少なくなる。保育現場では，周囲の友だちと一緒に過ごすことによって，友だちのまねをするといった自発的な行動が出てくることもあるため，保育者は，子どもの興味・関心・意欲を引き出すことができるような環境の配慮が必要である。

　言葉の発達の遅れにより，話しかけられたことを理解できなかったり，自分の言いたいことをうまく伝えられなかったりすることが多い。その際は，身振りや絵や写真，実物を使ったコミュニケーションの工夫が必要である。

　また，同年齢の子どもと同じ活動を行うことが難しく，どうしても失敗する経験が多いために，自信をなくしたり，情緒不安定になりやすい。知的障害の子どもは，全般的な遅れはみられるものの，ゆっくりそれぞれのペースで発達していくことから，保育者は，情緒の安定を図りながら，一人ひとりの発達の課題に合わせて，多くの経験をすることができるような配慮が必要である。

2. 発達障害

(1) 発達障害とは
1) 発達障害者支援法による定義

　従来，**発達障害**とは，子どもの発達上の機能の障害や遅れについて使われる用語であり，「知的障害」を含む広い概念であった。わが国では，2005（平成17）年に施行された**発達障害者支援法**の第2条（定義）において，発達障害とは「自閉症，アスペルガー症候群その他の広汎性発達障害，学習障害，注意欠陥多動性障害その他これに類する脳機能の障害であってその症状が通常低年齢において発現するものとして政令で定めるものをいう」と定義された。従来から教育や福祉について法的に整備されている身体障害や知的障害の範疇では規定されてこなかった自閉症，学習障害（LD），注意欠如・多動性障害（ADHD）等についても法的に定められたことになる。図12-1には，発達障害者支援法に規定されている発達障害の概略図を示している。

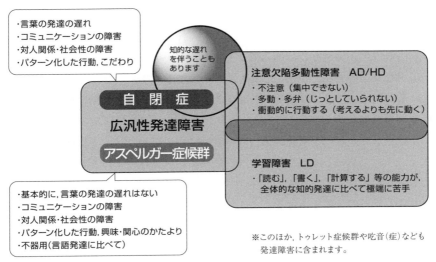

図12-1　「発達障害者支援法」で規定されている「発達障害」

［政府広報オンライン（http://www.gov-online.go.jp/featured/201104/contents/rikai.html）］

2）DSM-5およびICD-11による診断名の変更

わが国の法律等で使われている「広汎性発達障害」や「自閉症」「アスペルガー症候群」という診断名は，WHOのICD-10，およびAPAのDSM-Ⅳ-TRに基づいて使用されてきた。

知的障害の項でも述べたように，2013（平成25）年にDSM-5，2018（平成30）年にICD-11がそれぞれ改訂された。これらの新しい診断基準では，共に"Pervasive Developmental Disorder（PDD）"（広汎性発達障害）が"Autism Spectrum Disorder（ASD）"（自閉スペクトラム症）に変更されている。またDSM-Ⅳ-TRの自閉性障害（Autistic Disorder），アスペルガー障害（Asperger's Disorder）やICD-10の小児自閉症（Childhood Autism），アスペルガー症候群（Asperger's Syndrome）といった下位分類が廃止された。

こうした世界的な動きを受けて，わが国の発達障害に関する法律等の概念や定義も再考される可能性があるが，すぐには名称が切り替わることはなく，しばらくは従前の診断名（広汎性発達障害やアスペルガー症候群）と新しい診断名（自閉スペクトラム症）の両方が使用されることになるだろう。本稿では，DSM-5とICD-11の新しい用語である「自閉スペクトラム症」を用いる。

（2）自閉スペクトラム症（ASD）
1）広汎性発達障害から自閉スペクトラム症へ

広汎性発達障害は，「相互的な社会関係とコミュニケーションのパターンにおける質的障害，および限局した常同的で反復的な関心と活動の幅によって特徴づけられる一群の障害」（ICD-10）[6]とされ，一般に自閉症の上位概念として認識されている。中枢神経系（脳や脊髄）が先天的にうまく機能していないことが原因であると考えられており，性格や病気ではなく，また親の育て方など環境が原因によるものではない。主要な症状として，「自閉症の3つ組」といわれる以下の特徴をあげることができる。

①社会性に関する障害

人と上手に付き合えない。目を合わせて会話できない。うれしさを表情や身振りなどで表現できない。同年齢の人と集団で遊べない。自然に決まっているルールに従えない。

②コミュニケーションに関する障害

　コミュニケーションがうまくとれない。言葉を覚えて使ったり，相手の言ったことを理解できない。話しかけられたことに合った返事をすることができない（オウム返し，反響言語）。

③想像力に関する障害

　想像力が乏しく，こだわり行動がある。ままごとなどのごっこ遊びができない。同じ遊びを繰り返す。決まったパターンでしか行動できない。

　以前の診断基準（DSM-Ⅳ-TR，ICD-10）では，これらすべての特徴に当てはまる時に**自閉症**（カナー型）と診断され，いずれかの特徴が当てはまる時に広汎性発達障害と診断されることが多く，知的発達や言語発達に遅れがない場合には**アスペルガー症候群**と診断されていた。

　DSM-5では，自閉症やアスペルガー症候群のような下位分類を行わず，同じような障害の特徴をもつひとまとまりの連続体（spectrum）であると考えて，診断名を**自閉スペクトラム症**とし，障害の程度ではなく，日常生活での困難さの程度から診断するように変更されている。

2）自閉スペクトラム症の特徴

　DSM-5における自閉スペクトラム症の診断基準として，次の2項目があげられている[5]。

①社会的コミュニケーションおよび対人的相互反応における持続的な欠陥

・相互の対人的・情緒的関係の欠落：対人的に異常な近付き方をしたり，通常の会話のやり取りができない。興味，情動，または感情を共有することが少ない。社会的相互反応を開始したり応じたりすることができない。

・対人的相互反応で非言語的コミュニケーション行動を用いることの欠陥：まとまりの悪い言語的，非言語的コミュニケーション。視線を合わせることと身振りの異常。身振りの理解やその使用の欠陥。顔の表情や非言語的コミュニケーションの完全な欠陥。

・人間関係を発展させ，維持し，それを理解することの欠陥：さまざまな社会的状況に合った行動に調整することが困難。想像上の遊びを他者と一緒にしたり友人をつくることが困難。仲間に対する興味の欠如。

②限定された反復的な様式の行動，興味，活動

・おもちゃを1列に並べたり物を叩いたりするなどの単調な常同運動。反響言語（オウム返し）。独特な言い回し。
・小さな変化に対する極度の苦痛や移行することが困難。柔軟性に欠ける思考様式。儀式のような挨拶の習慣。毎日同じ道順をたどったり，同じ食物を食べたりすることへの要求。
・一般的ではない対象への強い愛着または没頭。過度に限局した，または固執した興味。
・痛みや体温に無関心のようにみえる。特定の音または触感に逆の反応をする。対象を過度に嗅いだり触れたりする。光または動きを見ることに熱中する。

　DSM-5では，この2項目（社会的コミュニケーション，限定された反復的な行動）の特徴に基づいて，日常生活に必要な支援を基準にして，自閉スペクトラム症の程度を分類している[5]。
①レベル1（軽度）：日常生活に支援を要する
②レベル2（中度）：日常生活に十分な支援を要する
③レベル3（重度）：日常生活に非常に十分な支援を要する

3）保育場面での援助

　自閉スペクトラム症の子どもは，話し言葉や抽象的なことを理解することが苦手であるため，わかりやすく情報を伝える工夫が必要である。聴覚刺激よりは視覚刺激の方が理解しやすいことから，話し言葉だけではなく，実物や見本を見せたり，絵カードや写真を用いて援助することが有効である。

　初めてのことやいつもと違う活動など，予定がわからないことに対して強い不安や苦痛を感じるため，予定について知らせて見通しをもたせることが大切である（その際も言葉よりも視覚的な手段によって伝える方がよい）。

　また，特定の音などの刺激を極端に嫌がる子どももいるため，そうした刺激が耳に入らないような環境を用意したり，一時的にその場を離れて落ち着くことができるような配慮も必要である。

　多様なこだわりをもつ一方で，興味・関心をもっているものには集中して取り組むことができるので，得意な分野の課題に取り組むことで達成感を得たり，ほめられるような成功体験を増やしていくことが大切である。

（3）注意欠如・多動症／注意欠如・多動性障害（ADHD）
1）ADHDとは

ADHD（Attention Deficit/Hyperactivity Disorder）の日本語名として，発達障害者支援法では「注意欠陥多動性障害」と表記されているが，DSM-5では「注意欠如・多動症／注意欠如・多動性障害」と訳されている[1)5)]。

ADHDは，DSM-5，ICD-11の診断基準において，「不注意」「多動性」「衝動性」を特徴とする行動の障害とされている。中枢神経系の機能不全が原因であり，DSM-5の診断基準では，12歳以前に発症することと変更されている。

①**不注意（Inattention）**：一つのことをするのに集中を持続することが困難であったり，すぐに気がそれてしまったりして注意散漫な状態になる。しばしばケアレスミスをしたり，必要なものをなくしてしまったりする。人の話を聞いていないことが多く，順序立てて活動することが苦手である。

②**多動性（Hyperactivity）**：一定の時間じっとしていることができずに，立ち歩いたり走り回ったりしてしまう。手足をそわそわ動かしたり，もじもじしたりする。ずっとしゃべり続ける。

③**衝動性（Impulsivity）**：順番を待つことができなかったり，質問されて質問が終わる前に途中で答えてしまったりする。感情や思ったことをすぐに行動してしまう。他人の会話や遊びに割り込んだり邪魔をしたりする。

2）保育場面での援助

ADHDの子どもは，聞いて理解する力が弱かったり，見聞きしたことに注意を向けられる時間が短いという情報の入力や処理に課題がある。そのため，話し始める時に注意を促したり，抽象的な言葉は避け，具体的な言葉で，短く，はっきりと指示をしたり，注意を持続できるように声がけをするとよい。また，作業手順をあらかじめ図示したり，タイマーなどを用いて課題に取り組んだり，一定時間我慢したりするなど，見通しをもたせながら視覚的に働きかけることも有効である。環境構成としては，廊下側や窓側など，刺激を受けやすい場所は避けるようにし，落ち着きがなくなってきたら，あらかじめ約束しておいた場所や方法で一定の時間過ごせるようにすることも有効である。

日常の行動が原因で叱られることが多いと，ますます自信を失くして情緒不安定になり，気になる行動が増えることになる。適切な行動がとれなかった場

合，どうしたらよかったのか状況を振り返り，適切な方法をヒントを交えながら示したり，行動の改善がみられたらほめるというような配慮も必要である。

(4) 学習障害（LD）
1）学習障害とは

学習障害（LD）には，"Learning Disorders"と"Learning Disabilities"の2つの用語があり，前者は医学用語として，後者は教育用語として用いられてきた。

医学的概念としての学習障害は，DSM-5では"Specific Learning Disorder"（限局性学習症／障害），ICD-11では"Developmental Learning Disorder"（発達性学習症）と分類されるが，教育用語の学習障害と比べて，困難や障害をより特定・限定した概念と考えられる。

一方，教育用語の学習障害（Learning Disabilities）として，文部科学省の定義では，「学習障害とは，基本的には全般的な知的発達に遅れはないが，聞く，話す，読む，書く，計算する又は推論する能力のうち特定のものの習得と使用に著しい困難を示す様々な状態を指すものである」とされている[7]。学習障害は，知的障害とは異なり，6つの基本的学習能力のどこかに特異な困難をもっている。また，原因として中枢神経系に何らかの機能障害があると推定され，視覚障害，聴覚障害，知的障害，情緒障害などの他の障害が主因となる学習の困難ではない。

こうした学習障害のタイプは，次の3つに分類できる。

①口頭言語のLD：話し言葉の入出力（聞く，話す）に関する学習能力の障害

②書字言語のLD：文字や文章の言語性情報の入出力（読む，書く）に関する学習能力の障害

③算数のLD：数概念の理解や推論する学習能力の障害

2）保育場面での援助

学習障害の診断は教科学習の始まる就学以降になされる場合が多いが，不器用さが目立っていたり，特定の分野が苦手だったりと，幼児期でも学習障害が疑われる場合がある。

保育現場でみられる問題としては,相手の話が理解できない,言葉の聞き間違いが多い,2つ以上の指示を出されると混乱する,集団で移動する際に一緒についていけない,はさみをうまく使えない,などがあげられる。

学習障害の子どもは,知的発達のすべてに問題があるわけではないので,保育者は,子どもが自力でできていることを大事にしながら,子どもが保育場面で困っていることに対してさりげない援助を行い,子どもに自信をもたせながら日常生活を送れるように援助していくことも大切である。

■引用文献

1) 日本精神神経学会 精神科病名検討連絡会 (2014) DSM-5 病名・用語翻訳ガイドライン (初版). 精神神経学雑誌, 116 (6), 429-457.
2) 日本精神神経学会 (2018) ICD-11新病名案.
   (https://www.jspn.or.jp/uploads/uploads/files/activity/ICD-11Beta_Name_of_Mental_Disorders% 20List(tentative)20180601.pdf)
3) アメリカ知的・発達障害協会 (AAIDD) 用語・分類特別委員会編 (太田俊己・金子健・原仁・湯汲英史・沼田千妤子訳) (2012) 知的障害:定義,分類および支援体系 第11版, 日本発達障害福祉連盟.
4) American Psychiatric Association (髙橋三郎・大野裕・染矢俊幸訳) (2003) DSM-Ⅳ-TR 精神疾患の分類と診断の手引 新訂版, 医学書院.
5) American Psychiatric Association (髙橋三郎・大野裕監訳) (2014) DSM-5 精神疾患の分類と診断の手引, 医学書院.
6) 融道男・中根允文・小見山実・岡崎祐士・大久保善朗監訳 (2005) ICD-10 精神および行動の障害―臨床記述と診断ガイドライン― 新訂版, 医学書院.
7) 文部科学省 (1999) 学習障害児に対する指導について (報告).

第13章
災害と子ども

1．災害と精神的健康

(1) ストレスと精神的ダメージ

　近年，日本だけでなく世界中で，地震，津波，洪水，土砂災害などの大規模災害が起こっている。このような災害が起こった時，人は誰でも程度の差こそあれ**精神的ダメージ**を受ける。ましてや，日常生活でも弱い存在である子どもには大きな**ストレス**がかかる。子どもは知識が十分ではないことに加え，災害時に得られる情報も限られているため，大人以上に事態を理解することが難しい。また，このような状況では，子どもの声や意見が考慮されにくいため，子どもの特有のニーズに目が届きにくい。その点で，子どもは，高齢者，障害者などとともに，**災害弱者**と呼ばれる。

　一般に，大災害の後にみられる精神的ダメージとしては次のものがある。
①侵入症状：体験した出来事を繰り返し思い出す。悪夢を見る。頭痛，腹痛，吐き気などの身体症状が現れる。子どもの場合，赤ちゃん返り，しがみつきなどがみられる。遊びに現れることもある。
②回避症状：出来事を思い出す物，場所，人などを避ける。ひきこもり，孤立などの状態。子どもの場合，友だちを避けるなどの状態がみられる。
③覚醒症状：精神的高揚，怒りっぽくなる，過度の警戒心，ささいなことで驚く，物事に集中できないなどの状態。子どもの場合，じっとしていられない，危険な行動をする，感情を爆発させるなどの状態がみられる。
④その他：幸福感・満足感が感じられない（陰性気分），出来事を思い出せない・現実感覚がない（解離症状）などの状態。

このような精神的ダメージの程度が激しく，通常の社会生活を営むことが困難になった場合，**急性ストレス障害（ASD：Acute Stress Disorder）**と診断される。急性ストレス障害は，①危うく死にそうになるような出来事を体験したり，②出来事を目撃したり，③近親者に起こった出来事を聞くことによって起こる。しかし，テレビや写真で見ただけの経験によるものは，急性ストレス障害の原因からは除かれる。

アメリカ精神医学会の診断基準であるDSM-5（Diagnostic and Statistical Manual of Mental Disorders：精神障害の診断と統計マニュアル第5版）では，先に述べた侵入症状，回避症状，覚醒症状，陰性気分，解離症状に分類される14の症状のうち，心的外傷の出来事の後に発現したり，悪化したりした症状が9つ以上ある場合に，急性ストレス障害と診断される[1]。

（2）心的外傷後ストレス障害（PTSD）

一般に，災害後に精神的にダメージを受けた状態は数か月で徐々に改善していく。しかし，侵入症状，回避症状，陰性気分，覚醒症状が1か月以上続き，通常の社会生活を営むことが困難な場合，**心的外傷後ストレス障害（PTSD：Posttraumatic Stress Disorder）**と診断される。先にあげたDSM-5では，PTSDは，1歳以上の年齢であればどの年齢でも起こるとされているが，6歳を超える子どもと6歳以下の子どもとで診断基準が分けられている。

6歳以下の子どもの場合，PTSDは，①心的外傷の出来事を直接体験する，②他人，特に主な養育者に起こった心的外傷的出来事を直に目撃する，③親または養育者に起こった心的外傷的出来事を耳にすることによって起こるとされる。6歳以下の子どもの場合，侵入的な記憶は必ずしも苦痛として現れるわけではなく，遊びとして表現されることもある。また，苦痛な夢を何度も見る場合も，恐ろしい内容が心的外傷的出来事と直接関連していることを確認できない場合もある。その点で，認知や感情の発達がまだ十分ではない子どもにおいては，症状の現れ方が小学生以降の子どもや大人とは異なることを理解しておく必要がある。

しかし，大災害を経験したすべての人がPTSDになるわけではない。この点について，ヤング（Young, BH）は，表13－1に示すように，災害後のメン

表13-1 災害後のメンタルヘルス悪化のリスク要因

災害前の要因	・女性であること　　・40〜60歳の年齢 ・少数民族グループに属していること　　・貧困 ・精神科既往歴
災害中の要因	・死別　・生命への危機　・外傷　・強い恐怖 ・パニックなどの経験
災害後の要因	・供給される資源の低下　・社会的サポートの低下 ・住宅や財産の喪失と経済的損失　・移住もしくは強制退去 ・疎外感と不信感　・回避的対応 ・自分の状態や他者の反応の否定的受け止め

［ヤング，BH（2013）災害への即時対応―成人を対象とした心理学的応急処置に関するガイドライン―．リチー，EC，ワトソン，PJ，フリードマン，MJ 編（計見一雄・鈴木満監訳）：巨大惨禍への精神医学的介入，弘文堂］

タルヘルスの悪化につながる要因をリスク要因として，災害前の要因，災害中の要因，災害後の要因の3つに分類している[2]。

災害前の要因として，女性があげられている。これには，生物学的要因だけでなく，女性は対人暴力などにさらされやすいということも関係している。また，子どもの場合は，不安傾向や落ち着きのなさといった気質的要因も関係している。表中の災害中の要因は，主として心的外傷的出来事の経験の程度と関係している。また，災害後の要因は，災害による生活の変化に基づくストレスと心的外傷的出来事に由来する症状の両方が関係していると考えられる。

2．東日本大震災直後の子ども

（1）子どもの様子

2011（平成23）年3月11日に起こった東日本大震災は，日本国内観測史上最大規模のマグニチュード9.0の地震（地），陸地の斜面を駆け上がった津波の高さも国内観測史上最大となる40.5mの巨大津波（海），さらに福島第一原子力発電所事故による放射性物質の拡散（空）という3つの災害が重なった大災害であった。

2．東日本大震災直後の子ども　139

　震災から約2か月後の仙台市内の保育士を対象とした研修会の事前アンケートからとらえる子どもの様子は，表13-2に示すとおりである[3)4)]。

　ここから，震災当初（一時期は大変だったが，現在は解決に向かっていること）においても，震災2か月後（現在，困っていること）においても，〈不安・おびえ〉が最も多くなっていることがわかる。震災直後の様子としては，「家庭では食事を受けつけず，食べると嘔吐する状態が何日か続いた」「日によって痛みを訴える場所が変わる」「親のそばを離れられない」などの問題があげられた。また，震災2か月後では，「余震に対するおびえが続いている」「地震という言葉を聞くと不安になる」などの回答があった。さらに，「ひとりでトイレに行けない」（〈排泄の問題〉），「午睡時に眠れない，短時間で起きてしまう」（〈午睡の問題〉）などの回答もあった。

　子どもに起こった問題の変化をとらえようとする場合，状態改善率に着目し

表13-2　東日本大震災2か月後の子どもの姿（回答数）

カテゴリー	問題の種類	現在困っていること	解決に向かっていること	状態改善率（％）
心理的問題	不安・おびえ	22	26	54.2
	地震ごっこ・津波ごっこ	20	13	39.4
	音への過敏性	13	7	35.0
	排泄の問題	7	7	50.0
	午睡の問題	4	6	60.0
	家族・親族の死亡	3	3	50.0
保育環境・体制の問題	活動の制限	13	5	27.7
	保育環境の変更	9	8	47.1
	登所時の問題	8	11	57.9
	保育体制の困難	5	3	37.5
	ライフライン	0	21	100
	職員の生活	0	4	100

＊状態改善率＝［（一時期は大変だったが，現在は解決に向かっていること）／（現在，困っていること）＋（一時期は大変だったが，現在は解決に向かっていること）］×100
　［本郷一夫（2013a）臨床発達心理士の専門性と果たすべき役割—「実践」と「基礎」との双方向性を通した発達心理学の発展．発達心理学研究，24（4）／本郷一夫・加藤道代・神谷哲司・平川久美子・進藤将敏・飯島典子（2013）東日本大震災後の保育所における対応．東北大学大学院教育学研究科研究年報，61（2）］

てみることができる。これは，震災後2か月間でどの程度問題が改善したかを表す指標である。この数値が高いことは改善が進んだこと，数値が低いことは改善がなかなか進まないこと，新たに問題が発生したことを示す。表13-2から，心理的問題では，〈午睡の問題〉〈不安・おびえ〉に比べて〈音への過敏性〉〈地震ごっこ・津波ごっこ〉の状態改善率が低く，なかなか問題が解決しないことがわかる。具体的には，〈音への過敏性〉については，「小さな物音にも敏感に反応する」「テレビやラジオ，携帯電話の緊急地震速報の音に敏感に反応する」などの回答があった。また，保育環境・体制の問題としては，〈活動の制限〉の問題の状態改善率が最も低かった。これには，保育室の安全が確保できないため部屋が使用できない，放射能を心配して外遊びを控えるなどの問題が関連していた。

(2) 子どもの遊びの意味

　〈地震ごっこ・津波ごっこ〉も状態改善率の低い項目の一つであった。また，先に述べたように，子どもは，精神的ダメージを遊びの形で表現することもある。実際，東日本大震災後に地震ごっこ・津波ごっこが多くみられた。このような地震ごっこ・津波ごっこによって，子どもは心の不安や葛藤を乗り越えようとしているため，やめさせないで見守った方がよいと解釈する人もいる。しかし，ここで気を付けなければいけない点がある[5]。

　第1に，津波ごっこに関しては，津波を体験したことがない子どもが津波ごっこに加わっていたという点である。むしろ，津波被害を受けた地域から移行してきた子どもは津波ごっこには加わっていなかったということもある。したがって，遊びの形態や内容だけにとらわれず，一人ひとりの子どもの状態や背景を理解した上で，子どもの遊びの意味を理解する必要がある。

　第2に，津波ごっこは，最初は単純に「津波だ」と叫びながら皆で逃げるものから，次第に津波の被害による死体役をやる子どももみられるようになった。中には，クラスで弱い子ども，障害がある子どもが死体役をさせられるようなものもあった。このような遊びの展開がなされた場合，保育者がかかわる必要が出てくる。介入としては，津波ごっこをやめさせるというよりも，津波が来てもみんな助かったといったように，子どもたちに安心・安全が感じられ

るような遊びに転換することが望ましいと考えられる。

第3に，子どもには，地震や津波などの映像をあまり見せないようにすることが必要である。東日本大震災後，地震ごっこ・津波ごっこは，数か月もすると次第に少なくなっていった。しかし，2012（平成24）年になって再び増加した。その原因として考えられることは，年末年始のテレビの特集番組で今まで紹介されてこなかった震災の映像が，頻繁に放映されたことが関係していると考えられる。子どもに見せるつもりはなくても，保護者が見ている映像を子どもも見てしまったと考えられる。先に述べたように，テレビなどの映像は急性ストレス障害や心的外傷後ストレス障害の直接の原因とはされないが，子どもに対する否定的影響があると考えられる。

子どもは，震災後の生活の中で見聞きしたいろいろな体験を，遊びの中に取り込んでいた。その中には，買い出しごっこもみられた。リュックサックにおもちゃを大量に詰め込んで，ただ歩くだけの遊びである。震災後の大人の買い出しの風景に刺激された遊びであろう。このように，子どもは見聞きしたいろいろな出来事を，たくましく遊びの中に取り入れ，遊ぶのである。

（3）「気になる」子ども・障害がある子ども

「気になる」子ども・障害がある子どもについても，震災直後は〈不安・おびえ〉が最も多かった。震災2か月後では，〈音への過敏性〉〈逸脱行動・攻撃行動〉〈環境変化へのとまどい〉がみられた。このうち，〈音への過敏性〉については，感覚過敏の問題も関係していると考えられる。発達障害がある子どもの中には，感覚過敏の子どももみられる。大きな音が苦手といった聴覚過敏だけでなく，強い光が苦手といった視覚過敏や，触覚，味覚，嗅覚の過敏もある。このように以前から感覚過敏の特徴がある障害児には，典型発達児以上に音の過敏性の問題がみられたと考えられる。

〈逸脱行動・攻撃行動〉〈環境変化へのとまどい〉は，震災前の状況と変わってしまった人的・物的環境への戸惑いや不安がある。具体的には，「保育をする場所が通常とは異なっていたため，不安定になったり部屋を飛び出したりしていた」「知人宅での生活などの環境の変化から，夜泣きや生活リズムが崩れて大変だった」「遊び場がなくストレスがたまって困った」などの回答が

得られた。このように，障害がある子どもは環境の変化に対する対応に難しさを抱える場合がある。

一方，震災当時，意外に落ち着いていたという報告もある。「いつもは手をつながれるのを嫌がる自閉スペクトラム症の子どもが，その日に限って保育者や他児と手をつなぎながら30分も歩いて避難した」「多動で衝動性が高かった『気になる』子どもがその日以来，朝の集まりなどで動き回らずに座っているようになった」などの報告があった。障害がある子どもや「気になる」子どもも，特別な状況，雰囲気を感じていたのかもしれない[6]。

3．保護者をめぐる問題

（1）保護者の様子

東日本大震災直後，保護者もまた不安定な状態で過ごしていた。東日本大震災によって，職を失ったり収入が減ってしまったりしたため精神的に不安定になっている保護者もいた。また，次第に情報の開示が進むにつれて，放射能の問題の深刻さが理解されるようになり，新たな不安といらだちが高まった。例えば，公的な測定結果を信用せず自分が購入した線量計で放射線の測定をするように求める保護者，保育所に対する独自の支援策を提案するもののそれが受け入れられず不満をぶつける保護者，給食で使用する食材の産地の開示と食材の産地の変更を求める保護者などが現れた。これらの多くは，生活基盤の変化と，確かな情報がわからない不安などから生じたものだと考えられる。なお，放射能による生活の変化は，福島県ではとりわけ大きかったと考えられる[7]。

また，震災により保健所や地域からの支援を受けることができなくなったため，もともと精神的な問題を抱えていた保護者は，以前よりも不安定な状態で生活をすることを強いられた。このような保護者の状態は，時として子どもにも伝わり，子ども自身が不安定になることもあった。

（2）保護者ができること

幼い子どもは，1人では生きていくための基本的ニーズを満たすことができない。とりわけ，大災害直後では，保護者は自分の子どもに十分な関心をもて

ないため，子どものリスクが高まりやすいことが指摘されている。逆に，子どもの周りに安定して落ち着いた大人がいれば，子どもはうまく対応していける。このような観点から，世界保健機関（WHO）版の「心理的応急措置（Psychological First Aid：PFA）」では，保護者が子どものためにできることとして，表13-3に示す事項が示されている[8]。

表13-3　保護者が子どもにできること

対　象	子どもを支えるためにできること
乳　児	・温かさと安全を保つ ・大きな音や混乱から遠ざける ・寄り添ったり抱きしめたりする ・穏やかで柔らかい声で話す
幼児・児童	・いつもより気にかけ，子どもとの時間を増やす ・安全であることを何度もいって聞かせる ・悪いことが起きたのはあなたのせいではないと話す ・子どもを保護者やきょうだい，大切な人から引き離さない ・できるだけいつも通りの生活時間を守る ・何が起きたのかという質問には簡潔に答え，怖がらせるような詳しい話はしない ・子どもがおびえたり，まとわりついたりする場合には，そばにいさせる ・指しゃぶりやおねしょなど，赤ちゃん返りをし始めても見守る ・できる限り，遊んだりリラックスしたりする機会をつくる
児童・青年	・時間を作って向き合う ・ふだんの日課がこなせるように手助けする ・何が起きたのか事実を伝え，今何が起きているのかを説明する ・悲しむことを認める。強くあることを求めない ・価値判断をせずに，子どもの考えや恐れに耳を傾ける ・明確なルールや目標を設定する ・子どもが向き合っている危険についてたずね，子どもを支え，どうすれば傷つけられずにすむか話し合う ・自分自身が何かの役に立つように励まし，そのための機会を与える

［国立精神・神経医療研究センター，ケア・宮城，プラン・ジャパン訳（2012）　心理的応急処置（サイコロジカル・ファーストエイド：PFA）フィールド・ガイド，世界保健機関］

なお、保護者が負傷したり、ひどく動転したりして子どものケアができない場合は、保護者の支援と子どもの世話をしてもらえるように手配することが重要となる。これに関連して、支援活動と関係のない人々やマスコミが取材しないように、子どもを守ることも必要となる。

災害や虐待など身の危険にさらされるような事態を経験し、それによってショックを受けたとしても、子ども自身はそこから抜け出す力をもっている。これは、**レジリエンス**（resilience）と呼ばれる。子どもたちは、基本的にはこのような困難に対応できる力、いわゆるレジリエンスをもっている。このような子どもの力を引き出し、支えるのが、保護者も含め周りの大人の役割であろう。

4. 保育者に求められること

(1) 保育者のセルフケアの重要性

保育者は、子どもや保護者を支える支援者であるとともに、災害の被害者でもあることが多い。とりわけ大災害後は、災害によるストレス、長時間労働、非日常的な対応などによって、保育者自身のストレスも高くなる。そのような状況にあって、保育者が子どもを支えていくためには、まず、保育者自身のセルフケアが重要となる。

具体的には、①たとえ短い時間でも食事や休息、リラックスするための時間をとる、②疲れすぎないように無理のない活動時間を守る、③自分にできることをする、④アルコール、カフェイン、ニコチンの摂取量を最小限に抑える、⑤同僚と声をかけ合い、互いの状態を確認し、互いに支え合う方法を考えてみる、などが重要である。

これに関連して、表13-4には、東日本大震災の約1年後に行った保育士研修会の際に行った事前アンケート「震災から1年、今、自分にかけてあげたい言葉」の結果が示されている[9]。ここから、「保育という仕事への誇り」「周りの人への感謝」に支えられながら過ごしてきた保育者の姿が浮かび上がる。また、体調を崩すことなく保育に携われた自分へのねぎらい、自分自身の心のケアの重要性に関する回答も多くあることがわかる。

表13-4　「震災から1年，今，自分にかけてあげたい言葉」

1．	保育という仕事・日常業務（22例） ＊それぞれがそれぞれの持ち場で役割を果たしていくことが復興への地道な道筋。保育士は目の前の子どもたちを毎日保育していくことが，唯一できることであり大切なこと。
2．	ねぎらい・いたわり（16例） ＊「よくやった」。めいっぱいになることが多く，毎日が緊張状態だったが，周囲の協力があり，大きく体調を崩すことなく出勤できた自分への最高の一言。
3．	助け合い・感謝（14例） ＊なんとか自分自身をも落ち着かせ，余震が続く恐怖の中，必要なものを運び出していたあの時，気が付けば多くの地域の人たちが手伝ってくれていた。「自分は決して一人ではない」「人は人に支えられて生きている」ということを，心の底から感じた瞬間。感謝の気持ちでいっぱい。
4．	自分自身・私生活・セルフケア（12例） ＊自分の心もケアする必要を感じると同時に，あの震災を経験しながら子育てをしている保護者には，大変さを口に出さずに無意識に頑張り，後から疲れが出てくる方もいることを心に留めていきたい。
5．	自責・反省・自問（11例） ＊震災後の子どものストレスに自分が本当に気付いて丁寧な対応をしていたのか疑問に思う。子どもたち一人ひとりの様子を的確に判断できていたのか…と反省が残る。
6．	防災・次への備え・忘れないこと（9例） ＊日頃の避難訓練や備え，状況に応じて臨機応変な対応。チームワークは普段からとても大事。

41園からの回答を分析。
［本郷一夫・加藤道代（2016）東日本大震災後の保育支援を通してみた子どもと保育者の変化．日本心理学会監修，安藤清志・松井豊編：震災後の親子を支える―家族の心を守るために―，誠信書房］

（2）大災害に備える保育環境の見直し

　今後の大災害に備えて，保育者はまず保育環境の安全性を確保すべきであろう。それは，保育室の備品の落下，本棚の転倒などの防止策がしっかりとなされているかといった安全の確認と，必要に応じた改善である。また，職員室の安全確保も重要である。東日本大震災では，保育室は安全であったが，職員室・事務室のパソコンが落下したなどの被害も報告されている。さらに，園庭の安全確保，避難経路である園の外側の環境についても点検すべきであろう。

　地域との交流も重要である。大災害後，子どもたちと地域住民が園で一緒に避難生活を送る場合，子どもたちと職員が別の避難所に移動する場合，いずれの場合も地域住民との日常的つながりが，場の安定と，人と人との関係の安定につながると考えられる。

　このように，災害が起こった後の対応だけでなく，今後，起こる災害に対す

る備えを物的な面と人的な面の両方から考え，備えておくことが子どもや保護者を支えるためには重要だと考えられる。

■引用文献

1) アメリカ精神医学会編（日本精神神経学会監修）(2014) DSM-5 精神疾患の診断・統計マニュアル，医学書院．
2) ヤング，BH（2013）災害への即時対応―成人を対象とした心理学的応急処置に関するガイドライン―．リチー，EC，ワトソン，PJ，フリードマン，MJ 編（計見一雄・鈴木満監訳）：巨大惨禍への精神医学的介入．第8章，pp.149-171，弘文堂．
3) 本郷一夫（2013 a）臨床発達心理士の専門性と果たすべき役割―「実践」と「基礎」との双方向性を通した発達心理学の発展．発達心理学研究，24（4），417-425．
4) 本郷一夫・加藤道代・神谷哲司・平川久美子・進藤将敏・飯島典子（2013）東日本大震災後の保育所における対応．東北大学大学院教育学研究科研究年報，61（2），145-157．
5) 本郷一夫（2013 b）震災と子ども―東日本大震災後の保育所の子どもと保護者の姿―．日本家族心理学会編：家族心理学年報 31 現代の結婚・離婚，pp.160-170，金子書房．
6) 本郷一夫・平川久美子・飯島典子（2013）東日本大震災後における「気になる」子どものアセスメントと支援：発達アセスメントに基づく支援．特殊教育学研究，51（2），183-188．
7) 加藤孝士（2017）震災・放射能災害下の家庭生活と保護者の意識．関口はつ江編著：東日本大震災・放射能災害下の保育，第7章，pp.211-237，ミネルヴァ書房．
8) 世界保健機関，戦争トラウマ財団，ワールドビジョン・インターナショナル（2011）（国立精神・神経医療研究センター，ケア・宮城，プラン・ジャパン訳（2012））心理的応急処置（サイコロジカル・ファーストエイド：PFA）フィールド・ガイド，世界保健機関．
9) 本郷一夫・加藤道代（2016）東日本大震災後の保育支援を通してみた子どもと保育者の変化．日本心理学会監修，安藤清志・松井豊編：震災後の親子を支える―家族の心を守るために―，第1章，pp.3-16，誠信書房．

さくいん

＊イタリック体は，次頁以降にわたり同一語が出現することを示す

A-Z

- ADHD ……………121, 129, 133
- ASD ……………………120, 130, 137
- DSM-5 ……………114, *126*, 137
- ICD-10 ……………………………*126*
- ICD-11 ……………………………130
- LD ……………………………129, 134
- PTSD ……………………120, 137

あ

- 愛着 ………………………………3, 56
- 愛着の世代間伝達 ………………57
- 愛着理論 …………………………65
- アイデンティティ……*12*, 19
- アイデンティティ・ステイタス ……………21
- アスペルガー症候群 ……………………129, 131
- アタッチメント ……………………3
- 安全確保 …………………………108
- 安全基地 ……………………………3

い

- 育児ストレス ……………………75
- 育児不安 …………………………83
- 育児放棄 …………………………97
- 意思疎通 …………………………100
- 一次的ことば ……………………10
- 1.57ショック ……………………67
- 衣類の着脱 ………………………106

う-お

- うつ病 ……………………99, 120
- エイジズム ………………………32
- エイジング ………………………29
- エクソシステム …………………42
- 円環的認識論 ……………………40
- 親からの自立 ……………………43
- 親の要因 …………………………53

か

- 外向性傾向 ………………………53
- 外国にルーツをもつ家庭 ……………………………100
- 概日リズム ………………………108
- 核家族 ……………………64, 66
- 学習障害 ……………………129, 134
- 学童期 ………………………………8
- 学童期の発達 ……………………10
- 家族の構造と機能 ………………38
- 家族の発達 ………………………42
- 家族の変遷 ………………………62
- 家族の矮小化 ……………………67
- 家庭環境 …………………………37
- 家庭役割 …………………………73
- 空の巣症候群 ……………………46

き

- 気道異物 …………………………110
- 気になる子ども …………………141
- 基本的信頼 …………………………2
- 基本的生活習慣 ………………8, 103
- 虐待 ………………………………96
- 虐待の世代間伝達 ………………50
- キャリア …………………………*26*
- ギャンググループ ………………16
- 9, 10歳の節 ………………………9
- 急性ストレス障害 ……………………120, 137
- 吸啜反射 …………………………103
- 狭義の青年期 ……………13, 18
- 協働 ………………………………102
- 共同注意 ……………………………4
- 強迫性障害 ………………………119
- 勤勉性 ……………………………114

く・け

- クロノシステム …………………42
- 結晶性知能 ………………………30
- 健康の定義 ………………………33

こ

- 誤飲 ………………………………111
- 高度経済成長 ……………………64
- 広汎性発達障害 …………………130
- 高齢期の発達 ……………………29
- 国際疾病分類 ……………………126
- 心の健康 …………………………114
- 心の発達 …………………………115
- 子育て ……………………………43
- 子育て期 …………………………72
- 子育て支援 ………………………83

子育て世代包括支援
　　センター‥‥‥‥‥‥92
言葉の育ち‥‥‥‥‥‥‥6
子ども・子育て支援新制度
　　‥‥‥‥‥‥‥‥‥‥49
子どもの遊びの意味‥‥140
子どもの気質‥‥‥‥‥116
子どもの心の健康‥‥‥125
子どもの誕生‥‥‥‥‥43
子どもの貧困‥‥‥‥‥95
子どもの要因‥‥‥‥‥54
コペアレンティング‥‥40, 77

さ

災害弱者‥‥‥‥‥‥‥136
サクセスフル・エイジング
　　‥‥‥‥‥‥‥‥‥‥33
三項関係‥‥‥‥‥‥‥‥4
3歳児神話‥‥‥‥‥‥‥65

し

自己主張‥‥‥‥‥‥‥‥7
仕事役割‥‥‥‥‥‥‥73
事故防止‥‥‥‥‥‥‥108
自己抑制‥‥‥‥‥‥‥‥7
自主性‥‥‥‥‥‥‥‥‥7
思春期‥‥‥‥‥‥‥‥12
児童虐待‥‥‥‥‥‥49, 68
自発性‥‥‥‥‥‥‥‥114
自閉症‥‥‥‥‥‥129, 131
自閉スペクトラム症‥‥*130*
社会食べ‥‥‥‥‥‥‥104
社会的・職業的自立‥‥26
社会的役割‥‥‥‥‥‥34
社会的要因‥‥‥‥‥‥55
循環的認識論‥‥‥‥‥40
小1プロブレム‥‥‥‥‥9

障害がある子ども‥‥‥141
消化管異物‥‥‥‥‥‥110
衝動性‥‥‥‥‥‥‥‥133
情動体験‥‥‥‥‥‥‥*115*
食事‥‥‥‥‥‥‥‥‥103
自律‥‥‥‥‥‥‥‥‥‥7
自律性‥‥‥‥‥‥‥‥114
神経症傾向‥‥‥‥‥‥53
心身の健康‥‥‥‥‥‥76
新・性別役割分業‥‥‥73
身体表現性障害‥‥‥‥123
心的外傷後ストレス障害
　　‥‥‥‥‥‥‥120, 137
親密性‥‥‥‥‥‥‥‥25
心理社会的危機
　　‥‥‥‥‥‥2, 12, *25*, 114
心理社会的発達‥‥‥‥‥2
心理社会的モラトリアム
　　‥‥‥‥‥‥‥‥‥‥19
心理的応急措置‥‥‥‥143
心理的離乳‥‥‥‥‥15, 43

す

睡眠‥‥‥‥‥‥‥‥‥108
ストレス‥‥‥‥‥117, 136
ストレンジ・シチュエー
　　ション法‥‥‥‥‥‥57

せ

清潔‥‥‥‥‥‥‥‥‥107
成人愛着面接‥‥‥‥‥57
成人期の発達‥‥‥‥‥25
精神疾患の診断・統計
　　マニュアル‥‥‥‥126
精神的ダメージ‥‥‥‥136
生態学的システム‥‥‥41
性別役割分業の核家族‥80

世帯‥‥‥‥‥‥‥‥‥62
世代性‥‥‥‥‥‥‥‥25
セルフ・ネグレクト‥‥76
選択性緘黙症‥‥‥‥‥119
選択的最適化補償理論‥33

た

第一次反抗期‥‥‥‥‥‥7
大家族‥‥‥‥‥‥‥‥63
対処行動‥‥‥‥‥‥‥117
第二次性徴‥‥‥‥‥12, 14
多重役割‥‥‥‥‥‥‥77
多動性‥‥‥‥‥‥‥‥133
探索反射‥‥‥‥‥‥‥103
男性中心の職場環境‥‥78

ち

地域子育て支援拠点事業
　　‥‥‥‥‥‥‥‥‥‥91
チック障害‥‥‥‥‥‥122
窒息‥‥‥‥‥‥‥‥‥110
知的障害‥‥‥‥‥‥‥126
知的障害の原因‥‥‥‥127
知能指数‥‥‥‥‥‥‥128
チャムグループ‥‥‥‥16
注意欠如・多動性障害
　　‥‥‥‥‥121, 129, 133
直線的認識論‥‥‥‥‥40
直観的思考‥‥‥‥‥‥‥5

て・と

溺水‥‥‥‥‥‥‥‥‥112
転換性障害‥‥‥‥‥‥123
同一化‥‥‥‥‥‥‥‥20
統合性‥‥‥‥‥‥‥‥35
道徳的発達‥‥‥‥‥‥17
トゥレット障害‥‥‥‥122

特別な配慮………………94

な―ね

内的ワーキングモデル…57
喃語…………………………4
二項関係……………………4
二次的ことば……………10
日常生活リズム……………108
乳児期………………………1
乳児期の発達………………2
人間関係の希薄化…………90
認知…………………………5
ネグレクト…………………97
熱傷…………………………112

は

排泄…………………………104
排泄障害……………………121
背部叩打法…………………111
ハイムリック法……………111
廃用性障害…………………32
働き方改革…………………69
発達障害……………………129
発達障害者支援法…………129
反抗挑戦性障害……………124

ひ

ピアグループ………………16
東日本大震災直後の
　子ども……………………138
否定的同一性………………21
一人親………………………80
貧困家庭……………………94

ふ

夫婦共働き家庭……………87

腹部突き上げ法……………111
不注意………………………133
不適応行動…………………118
不適切な養育………………86
不適切な養育スタイル……50
分離不安障害………………118

ほ

保育環境……………………37
保育指導……………………86
保育者のセルフケア………144
ボウルビィ学説……………65
保護者が精神障害や疾病
　を抱える家庭……………98
補償…………………………33
母性神話……………………78

ま―も

マイクロシステム…………42
マクロシステム……………42
マルトリートメント………49
メゾシステム………………42
モラトリアム人間…………19

ゆ・よ

有能感………………………11
有能な赤ちゃん……………1
養育スタイル………………*52*
幼児期………………………4
幼児期の発達………………5

ら―れ

ライフイベント……………*115*
ライフキャリア……………26
流動性知能…………………30
劣等感………………………11

連携…………………………102
老年期………………………47

わ

ワーク・ファミリー・
　エンリッチメント………78
ワーク・ファミリー・
　コンフリクト……………77
ワーク・ライフ・バランス
　………………………………*72*
ワンオペ育児………70, 75, 87

人　名

天野正子……………………66
エプスタイン, JL…………14
エリクソン, EH……2, *13*, 25
コールバーグ, L……………17
シャファー, DR……………17
スーパー, DE………………26
ダンフィー, DC……………17
チェス, S……………………116
トーマス, A…………………116
ニューマン, BM……………13
ニューマン, PR……………13
ファン・アイゼンドールン,
　MH…………………………57
ブロンフェンブレンナー,
　U……………………………41
ベルスキー, J………………52
ポールソン, JF……………54
保坂亨………………………16
ホリングワース, LS………15
マーシャ, JE………………21
ヤング, BH…………………137

執筆者・執筆担当

〔編著者〕

本郷　一夫（ほんごう　かずお）	東北大学大学院教育学研究科名誉教授	第13章
神谷　哲司（かみや　てつじ）	東北大学大学院教育学研究科教授	第6章

〔著　者〕（執筆順）

角張　慶子（かくばり　けいこ）	新潟県立大学人間生活学部准教授	第1章
吉中　淳（よしなか　あつし）	弘前大学教育学部教授	第2章
中村　修（なかむら　おさむ）	東北福祉大学総合福祉学部准教授	第3章
加藤　道代（かとう　みちよ）	尚絅学院大学特任教授	第4章
足立　智昭（あだち　ともあき）	宮城学院女子大学教育学部教授	第5章
大野　祥子（おおの　さちこ）	白百合女子大学非常勤講師	第7章
野澤　義隆（のざわ　よしたか）	東京未来大学子ども心理学部講師	第8章
中村　強士（なかむら　つよし）	日本福祉大学社会福祉学部准教授	第9章
佐藤　奈保（さとう　なほ）	千葉大学大学院看護学研究科准教授	第10章
佐藤　幸子（さとう　ゆきこ）	山形大学医学部看護学科教授	第11章
三浦　主博（みうら　きみひろ）	仙台白百合女子大学人間学部教授	第12章

シードブック
子ども家庭支援の心理学

2019年（平成31年）2月15日　初　版　発　行
2023年（令和5年）1月10日　第6刷発行

編著者	本　郷　一　夫
	神　谷　哲　司
発行者	筑　紫　和　男
発行所	株式会社 建 帛 社 KENPAKUSHA

〒112-0011　東京都文京区千石4丁目2番15号
　　　　　　TEL　(03) 3944-2611
　　　　　　FAX　(03) 3946-4377
　　　　　　https://www.kenpakusha.co.jp/

ISBN978-4-7679-5092-1　C3037　　　　　　中和印刷／常川製本
©本郷一夫，神谷哲司ほか，2019.　　　　　　Printed in Japan
（定価はカバーに表示してあります）

本書の複製権・翻訳権・上映権・公衆送信権等は株式会社建帛社が保有します。
JCOPY〈出版者著作権管理機構　委託出版物〉
本書の無断複製は著作権法上での例外を除き禁じられています。複製される
場合は，そのつど事前に，出版者著作権管理機構（TEL 03-5244-5088,
FAX 03-5244-5089，e-mail：info@jcopy.or.jp）の許諾を得て下さい。